KB140003

미래의 미술관

미래의 미술관

국내외 미술관 교육의 역사, 현황, 대안

김지호 지음

한국학술정보㈜

머리말

미술관 교육은 미술관¹⁾이 주체가 되어 미술관 내외에서 실행하는 모든 형태의 교육을 말한다. 미술관 교육은 해당 미술관의 전시 및 소장품에 관련된 교육뿐만 아니라 미술과 예술 전반에 걸친 교육까지 포괄한다. 또한 강의, 세미나, 전시 가이드투어 등 공식적인 교육 프로그램 외에 전시나 소장품의 정보를 제공하는 오디오 가이드, 책자 등의 프로그램과 교재 출판을 통한 교육도 포함한다.

최근 미술관의 기능 중에서 교육기능의 의의가 커지면서 미술관 교육이 포괄하는 범위를 점차 넓게 해석하는 경향이 있다. 예컨대 미술관 교육은 미술관 내에서 관람자와 관련해서 이루어지는 제반 활동, 즉 전시, 마케팅, 관람자 서비스까지 포괄하는 경우도 있다. 그러나 이 책에서는 미술관 교육의 의미를 그렇게 확대 해석하지 않고, 미술관의 전통적인 기능들, 즉 수집, 보존, 연구, 전시 등과 동일한 수준에서 상호 구분되는 하나의 기능으로 이해함으로써 미술관과 교육

---

1) Museum은 보통 박물관(혹은 뮤지엄)으로 번역되고, 그것과 구별되는 의미에서 Art Museum이 미술관의 영문 명칭이다. 그러나 이 논문에서는 미술관이란 의미가 그 속에 내포되는 경우 Museum도 미술관으로 번역해 쓰기로 한다.

의 역사적 변화의 관계에서 미술관 교육을 다루고자 한다. 즉 미술관 교육은 미술관 내 교육담당부서 혹은 교육담당자가 특정한 교육프로 그램을 의식적으로 수행하는 것으로서, 전시 등과 더불어 미술관 기능의 한 부분이고 미술관과 교육의 상호관계에서 변화되어 왔다.

이런 의미의 미술관 교육은 미술전문가들 상호 간 학술적 교류 기반이면서, 일반 대중의 예술 향유능력을 형성하고 개발시키는 기반이다. 역사적으로 볼 때, 미술관 교육은 근대적 미술관의 시초인 루브르 미술관의 사명이었던 대중계몽의 연장선에서 성립되었다. 그 후 미술관이 발전해가는 과정에서 특권층의 관점이나 이해관계를 점차 대변하는 모더니즘시대 미술관은 소수의 예술생산자와 엘리트를 위한 공간이자 전문성을 지향하는 초월적 공간이 되어 대중을 위한 미술관 교육의 역할과 기능이 제한되었다. 그러나 20세기 후반에 생산자 중심에서 수용자 중심으로 지향점이 이동한 포스트모더니즘 미술관이 등장함에 따라 관람객 개발을 위한 한 방편으로 미술관 교육의 의의가 새롭게 부각되었고 미술관 교육이 활성화되는 추세라고 할 수 있다.

1980년대 이전까지 미술관 교육은 미술관의 여러 기능 중에서 중요성이 높지 않은 분야였다. 그러나 대중주의를 지향하며 문화산업으로 변모된 포스트모더니즘 미술관에 대한 논쟁과정에서 미술관 교육은 가장 중요한 쟁점의 하나로 부각되었다. 1985년 런던에서 개최된 국제미술관협회(ICOM, Inter national Council of Museums) 총회 이후 미술관 교육은 미술관 논의의 중심의제로 다루어져, 2004년 국제미술관협회 총회에서는 교육기능을 미술관의 핵심기능의 하나로 명시하였다. "미술관은 공중에게 개방되고 사회의 발전에 이바지하는 비영리의 항구적인 기관으로서 학습과 교육, 위락을 위해서 인간과 인간의 환경에 대한 유무형의 증거를 수집, 보존, 연구, 교류, 전시한다."
미술관은 단순한 전시로만 그 기능을 한정할 수 없고 다양한 관람객
과 상황에 적합한 교육프로그램을 통해 사회교육기관으로 기능해야
한다는 것이다. 미술관은 그것이 존립하는 사회와 유기적 관계 속에
서 형성되어 역사적 흐름 속에서 부단히 변화해왔다. 특히 근대 이후
사회적 제도로 기능하게 된 미술관은 관람객과 예술을 매개하는 공
공기관으로 정립되며 궁극적인 목적과 성격에 있어서 변화되어 왔다.
즉 제도화된 미술관의 존립적 의의가 대중을 위한 사회적 제도로서
강조되는 대중성(공공성에 기반을 둔)과 예술품의 수집, 보존, 연구,
전시와 관련된 (예술적)전문성, 이 두 가지 임무에 관한 논쟁으로 전
개되어 왔다. 이러한 관점에서 미술관 교육의 활성화는 포스트모더니
즘 이후 미술관의 기능변화에 대한 상호 이질적 견해인 대중성과 전
문성의 대립으로 말미암은 것으로, 미술관 교육에 대한 이러한 다양
한 인식을 종합하여 새로운 방향을 정립할 필요성도 그만큼 커졌다.
한편 우리나라 미술관들은 최근 30년간 비교적 급속하게 설립되면서
서구 미술관 패러다임에서 강조되어온 전문성과 대중성이 시차 없이
제시되고 있는 상황이라 할 수 있다. 한국의 미술관은 짧은 미술관
역사에 따른 정체성 확립의 과정에 있기 때문에 미술관 교육에 관한
내적 역량이나 성과도 전체적으로 부실한 상태이다. 이와 같은 현실
을 고려하여 미술관의 전문성과 대중성을 균형 있게 추구할 수 있는
미술관 교육의 대안을 모색할 필요성도 있다.

　이러한 상황적 필요성에 부응하여, 이 책에서는 미술관 교육의 역
사와 현황을 종합적으로 검토하고 그것을 기반으로 미술관 교육의 바
람직한 발전방안이 어떤 것인지 탐색해보고자 한다. 이 연구의 목적은

서구와 우리나라 미술관 교육의 과거와 현재를 고찰하고, 그것을 준거로 우리나라 미술관과 미술관 교육의 미래를 모색하는 데 있다.

이 책은 미술관 교육의 일차적 의미가 미술관(전시와 소장품)과 관람객 사이의 소통에 있다는 점에서 주로 소통이론(Communication Theory)의 관점에서 미술관 교육에 접근하였다. 소통적 관점에서 모더니즘시대 미술관은 소통문제가 전시기능에 초점이 맞추어져 있었으나, 대중주의를 지향하는 포스트모더니즘 미술관에서는 대중과의 효율적인 소통방식으로 교육이 새롭게 부각되어 전시와 함께 소통의 주요 매체가 되었다. 오늘날 미술관 교육은 미술관과 대중의 효율적 소통관계를 형성하고 그것을 증진시키는 방향으로 나아가고 있다.

소통이론의 관점에서 연구는 1960년대 카메론(D. Cameron)에 의해 시작되어 베리와 메이어(N. Berry & S. Mayer, 1989)의 『미술관 교육-역사, 이론, 실제』2)와 후퍼그린힐(E. Hooper-Greenhill, 1994)의 『미술관의 교육적 역할』3)로 이어져오며 미술관 교육의 이론적, 실제적 활성화 방안이 연구되어 왔다. 소통이론과 관련된 최근의 연구성과로는 미국 NAEA의 지원으로 이루어진 빌뇌브(P. Villeneuve, 2007)의 『21세기 미술관 교육』4)이 있다.

현재까지 국내에는 미술관 교육만을 다룬 저서는 전무하다. 이것은 바로 미술관 교육에 대한 인식이 생겨난 지 불과 몇 년 되지 않았음을 대변한다. 국내에서는 미술관 교육이 박물관 교육의 한 부분으로 인식되어 왔고 주로 해외 미술관 교육프로그램에 관한 조사와 연

---

2) N. Berry & S. Mayer(1989), *Museum Education: History, Theory, and Practice*.

3) E. Hooper-Greenhill(1994), *The Educational Role of the Museum*.

4) P. Villeneuve(2007), *Art Museum Education in the 21st Century*.

구의 형태로 진행되어 왔거나 학교 미술교육의 한계를 보완하는 대안적 교육으로서 미술관 교육에 관한 연구가 진행되었다. 기존의 미술교육계의 연구들은 교육이론의 관점에 서 있어 미술관 교육이 지닌 특수성이나 미술관이 지닌 전문적 예술성을 간과하고 있으며 포스트모더니즘시대 미술관의 정체성 위기에 대한 비판적 논의를 수용하지 못하고 있다.

소통이론은 오늘날 대중성을 지향하는 미술관의 제반 기능을 분석하는 방법론으로서 그 유용성을 널리 인정받고 있다. 미술관 교육을 연구하는 이 책에서도 소통이론을 발전적으로 적용하고자 한다. 이 책에서는 소통이론의 발신자, 수신자, 메시지의 상호작용 모델에 따라 미술관 교육의 세 측면을 교육주체, 교육대상, 교육프로그램으로 나누고 그것을 정리하면 다음과 같다.

첫째, 미술관 교육의 주체는 소통이론에서 발신자이다. 이들은 미술관 내의 교육담당조직과 교육담당자들로서 교육의 목표와 방향을 설정하고 교육을 수행하기 위한 지침을 만들고 구체적인 프로그램을 제작하여 교육을 주도한다.

둘째, 미술관 교육의 대상은 수신자이다. 이들 교육대상은 미술 전문가와 일반 관람객으로 그 범주를 구분할 수 있다. 오늘날 효율적인 소통을 위해 교육대상으로서 관람객의 능동적 역할이 주목되고 있다. 교육주체와 교육대상의 관계는 일방적인 것이 아니라 상호 영향을 미치는 관계로 해석되고 있는 것이다.

셋째, 미술관 교육프로그램은 발신자와 수신자가 상호작용하는 메시지이다. 이것은 교육주체의 의도가 반영된 구체적인 정보와 지식으로 구성되고 다양한 방식을 통해 교육대상에게 전달되며, 그 정보와 지식은 교육대상에서 교육주체로 피드백되어 새로운 내용으로 종합된다. 이처럼 교육프로그램은 교육주체와 교육대상이 상호 결합하여 형성해나가는 일련의 정보와 지식체계라 할 수 있다.

다음으로 이 책의 시기구분 문제에 관해 언급하고자 한다. 시기구분은 모든 역사서술에서 기초가 되는 부분이다. 이 책에서는 미술관, 미술교육, 미술관 교육 등의 변모를 역사적으로 고찰하고 있기 때문에 시기구분의 문제를 피해갈 수 없다. 이 책에서는 연구대상 시기를 모더니즘 이전 시대, 모더니즘시대, 포스트모더니즘시대의 세 시기로 구분해서 그것들의 유형적 특성을 파악하고자 한다. 미술사에서 이러한 시기구분은 그 자체로서 매우 논쟁적인 문제가 되어 있다. 모더니즘이 특정한 한 시기의 성격을 규정하는 개념인지 아니면 근대미술 혹은 예술의 전반적 성격인지 하는 문제부터, 포스트모더니즘이 모더니즘 이후의 시대적 특성을 포괄할 수 있을 정도로 모더니즘과 대등한 차원의 개념인지 하는 문제까지 학자들의 생각이 거의 일치하지 않는다. 그럼에도 불구하고 그동안 미술관 연구나 미술관 교육 연구에서 모더니즘과 포스트모더니즘으로 시기를 구분하는 방식은 자주 사용되어 왔으며, 이들 시기의 유형적 특성에 대해 상당한 연구 성과가 축적되었다.

이 책에서는 미술사와 다른 관련 분야의 논의를 참고하여, 대략 1900년대부터 1950년대까지를 모더니즘시대로 파악하고,5) 그 이전을 모더니즘 이전 시대, 그 이후를 포스트모더니즘시대로 파악한다. 특

---

5) 미술사 외 다른 분야에서도, 예컨대 V. E. Taylor and C. E. Winquist(2001), *The Encyclopedia of Postmodernism* 은 모더니즘을 1890년부터 1950년에 이르는 철학적·역사적·문학적 시기에 붙여진 명칭이며, 포스트모더니즘은 1960년대에 출현한 것으로 해석한다.

히 모더니즘 이전 시대는 19세기 후반에, 모더니즘시대는 1930~1940년대에, 포스트모더니즘시대는 1980~1990년대에 각각 그 특성이 가장 전형적으로 드러나는 것으로 보고, 이들 시기의 미술관 교육의 양상을 통해 각 시대별 미술관 교육의 전체 성격을 파악해내려고 한다. 이렇게 함으로써 보다 엄밀하고 형식적인 시기구분의 요구—과도기 혹은 이행기의 설정, 이행과정과 그 원동력 등을 다루어 해명할 필요—로부터 약간은 자유로울 수 있을 것이다.

이 책은 다음과 같이 논의를 진행할 것이다. 제1부는 미술관 교육을 다루기 위한 예비적 고찰의 성격을 지닌다. 여기서는 미술관과 미술교육의 역사적 흐름을 각 시기—모더니즘 이전, 모더니즘, 포스트모더니즘—별로 검토한다. 미술관 교육은 '미술관'이 실행하는 '미술교육'이다. 즉, 미술관 교육의 패러다임은 미술관 패러다임과 미술교육 패러다임 양자와 불가분의 관계 속에서 변화되어 왔으며, 이 때문에 미술관과 미술교육의 역사적 변모에 대해 먼저 검토해둘 필요가 있다. 미술관은 박물관(museum)이라는 광의적인 개념에서 art museum이라는 좀 더 세분화되고 전문화된 '미술 박물관'을 의미한다. 따라서 포괄적인 개념의 박물관이 아닌 art museum이라는 측면에서 미술관의 기원은 미술만을 위한 전문공간이 출현하게 된 르네상스 시대 갈레리아를 출발점으로 한다. 이후 시민사회와 함께 탄생하여 공공미술관의 전형을 세운 루브르미술관을 시작으로 시대적 특수성과 사회적 상관관계 속에 선구적 패러다임을 제시한 특정미술관을 중심으로 논의를 전개한다. 미술교육의 역사가 미술의 변화와 교육에 대한 사회적 요구가 맞물려 일련의 제도적 기반 위에서 전개되어 왔다는 관점에서 미술교육의 시작은 미술의 학문적 타당성을 갖고 교육제도를 갖추었던 르네상스 시대 아카데미에서 출발한다. 따라서 일반적인 미술교육의 기원에서 언급하는 고대 그리스 시대나 중세 길드의 도제교육은 이 논문에서 취급하지 않는다. 미술교육의 역사 또한 사회체계의 유기적 관계 속에서 전개되어 왔기 때문에 사회적 변화에 따른 교육제도, 미술교육 이론, 교육 방법론을 중심으로 서술한다.

제2부에서는 미술관 교육의 역사적 변천과정을 소통이론의 관점에서 다룬다. 미술관이 사회체제를 유지하기 위한 교육기능을 함의하고 공공미술관으로 설립된 후 미술관 교육은 사회적 변화에 따른 미술관 패러다임과 미술교육의 상관관계 속에서 그 틀을 지어오면서 때로는 자가당착적으로 전개되어 왔다. 미술관 교육도 앞의 제1부에서와 마찬가지로 모더니즘 이전 시대, 모더니즘시대, 포스트모더니즘시대의 세 시기로 구분하여 각 시기별 미술관 교육의 변모과정을 고찰한다. 모더니즘 이전 미술관 교육은 최초의 공공미술관으로서 미술관 교육을 제시했던 프랑스의 루브르미술관과 전문가 교육을 실시했던 영국의 사우스켄싱턴 미술관을 중심으로 서술한다. 모더니즘시대 미술관 교육은 이 시기 패러다임을 주도한 뉴욕현대미술관을 중심으로 언급한다. 포스트모더니즘시대의 미술관 교육은 포스트모더니즘 미술교육의 특징을 보여주는 몇몇 미술관들을 중심으로 기술한다.

제3부에서는 한국의 미술관 교육을 다룬다. 서구 미술관 패러다임 변화의 두 축인 '대중성'과 '전문성'이 포스트모더니즘시대 한국의 미술관에서는 어떠한 양상으로 나타나고 있는지를 검토한다. 먼저 한국 미술관과 한국 미술교육의 흐름을 살펴보고 나서, 한국 미술관에서 수행되고 있는 미술관 교육의 현황을 분석하고 평가한 다음, 한국 미술관 교육에 나타난 주요 문제점을 도출한다.

제4부는 앞서 논의한 것들을 바탕으로 미술관 교육의 미래를 모색한다. 먼저 한국 미술관 교육을 중심으로 미래의 미술관 교육이 나아갈 전반적인 목표나 방향을 설정하고, 그것을 구현하기 위한 구체적 대안을 교육주체, 교육대상, 교육프로그램으로 구분하여 제시한다.

제5부는 결론으로 이 책의 연구성과를 요약하고 향후 미술관과 미술관 교육을 발전시키는 데 도움이 될 추가적 연구과제를 제시한다.

이 책은 저자의 박사논문을 정리한 것이다. 이 책은 국내 미술관에 대한 저자의 애정과 문제의식에서 출발한 것으로 서구 미술관 교육의 학문적·이론적 성과를 토대로 한국의 미술관들과 미술관 교육의 발전을 위한 저자 나름의 실천적 방안 중 하나이다. 부족함이 많은 저자의 연구가 박사논문으로 귀결될 수 있도록 도움을 주신 이재희 교수님과 다소 거칠게 정리된 저자의 연구에 관심을 가지고 책으로 출판해주신 한국학술정보(주)에 감사드린다.

김지호

목 차

PART 01

미술관과
미술교육의 변모

제1장 | 미술관의 변모

1. 모더니즘 이전의 미술관

미술관은 이른바 박물관의 범주에서 예술품을 수집, 연구, 보존, 복원, 전시, 교육의 기능을 주요임무로 하는 기관이다. 이러한 미술관의 기능적 관점에서 미술관의 기원은 일반적으로 수집과 연구의 목적을 가졌던 고대 뮤제이온(Museion)¹⁾에 두고 있다. 하지만 뮤제이온은 다양한 박물(object)의 집합소로서 르네상스시대에 이르러 상류층의 서재인 스투디올로(studiolo)나 캐비닛(cabinet)의 형태로 진화되어가며 근대에 이르러 기능과 성격에 따른 다양한 박물관의 형태로 전개되었다. 반면 미술관의 발생은 인문학의 부흥과 그에 따른 미술의 인식변화로

---

1) Mouseion은 우리가 사용하는 박물관(Museum)이라는 용어의 그리스어로, 그리스 신화에서 영감, 학습, 예술의 신인 Muses의 사원을 의미한다. 따라서 최초의 박물관은 기원전 3세기 이집트에서 교육으로 이름난 도시인 알렉산드리아(Alexandria)에 학자를 위한 도서관, 연구기관이자 명상적인 은신처 역할을 위해 설립된 장소였다. 전진성(2004), 『박물관의 탄생』, 살림, p.12.

나타난 공간으로 14세기 후반 이탈리아의 '르네상스(Renaissance)' 시대를 새롭게 조망해봄으로써 알 수 있다. 이 시기에 등장한 '인문주의자'들은 잊혀진 고대 선조들의 문화유산에 대한 관심과 연구를 통해 미래에 대한 새로운 비전을 찾았다. 인문주의자들의 새로운 관심 덕분에 오랫동안 파묻혀 있던 성경의 필사본, 조각품, 동전, 메달, 건물의 파편, 무덤이나 기념비의 비문들이 새롭게 복원되고 해석되어졌다. 이처럼 고대의 문예가 서서히 부활함으로써 고대 그리스 로마시대 유물 연구를 통한 인문학의 부활은 미술품에 대한 인식을 종교적 가치에서 인간중심적 관점에서 발견된 미적 가치의 기준에 따라 평가하게 된다. 이 시기는 "세계와 인간의 발견"으로 묘사하였던 역사가 부르크하르트(J. Burckhardt)가 지적했듯이 세속화된 개인의 관점에서 '미'의 세계가 새롭게 '발견'된 것이다. 이처럼 르네상스시대는 미술품이 학문적으로 사회적으로 예술적 가치를 갖게 되자 당시 경제활동의 변화와 그에 따른 예술 후원자의 출현으로 예술품의 후원(Patronage)과 수집(collection), 전시(Exhibition)에 이르는 초기 미술관의 토대를 마련하게 되었다.

르네상스 시대는 피렌체와 베네치아와 같은 상업으로 활성화된 도시를 중심으로 재능 있는 예술가들이 모여들며 미술시장이 형성되었고, 인문학자들이 미술과 고대 문학·역사의 상호연관성을 강조하면서 미술의 가치를 시나 수학과 같은 학문적 위치로 올려놓았다. 당시 플라톤주의 철학자였던 피치노(Ficino, Marsilio)와 같은 철학자는 예술가를 단지 재능 있는 장인으로 보았던 중세의 견해를 반박하며 예술가들을 신과 같이 창조적인 노력에 참여할 수 있는 유일한 재능의 소유자로 간주했다. 이러한 분위기 속에서 알베르티나 다빈치와 같은 예술가들은 자신들의 '회화론'을 통해 미술이 수학과 과학과 관련된 합리적 학문임을 강조하며 장인과 차별화된 정신노동자로서의 면모를 확인시켜주었다. 하지만 중세적 세계관의 연장선에 있었던 르네상스시대의 자연과학은 여전히 점성술, 연금술 등 마술에 가까운 이른바 비학(秘學, occultism)의 단계에 머물러 있었다. 때문에 그들이 추앙했던 '미'적인 의미는 오늘날과 달리 훨씬 광범위한 의미로 정치적이며 종교이고 또한 철학이며 과학적 의미를 함의하고 있었다.[2] 16세기 말에 이르러 아름다움을 창조하는 예술가는 존경과 숭배의 대상이 되었고 그들의 '천재적 산물'인 미술작품을 소유한 자는 작품을 통해 후광을 갖는 의미를 갖게 된 것이다.

회화와 조각과 같은 미술품의 개념이 예술로 격상되면서 미술작품만이 전시되는 갈레리아(Galleria)[3]의 공간이 탄생된다. 갈레리아는 16세기 금융업과 도시국가 피렌체의 권력자였던 코시모 메디치 1세(Cosimo Ⅰ)가 르네상스시대 미술가들의 삶을 기록한 바자리(G. Vasari)를 건축책임자로 임명하여 우피치궁의 4층을 'ㄷ'자 모양의 회랑으로 개조한 곳으로 '콰토르첸토(quattrocento)'시기부터 막대한 경제력을 바탕으로 수집한 방대한 예술품들만 진열되었다. 15세기 예술뿐 아니라 문예부흥을 지원했던 메디치가는 당시 명망 높은 인문학자들과 예술가들의 조언으로 미적 취향과 감상 수준을 높여가며 후원을 통해 작품제작에도 개입하며 당시 미적 취향을 선도했다. 이러한 갈레리아는 르네상스시대 예술가의 지위와 격상된 미술품의 가치를 입증하는 공간이기도 하지만 격상된 미술의 시각적 권위를 이용해 16세기 몰락해가

---

2) 이종흥(1999), 『미술, 과학, 인문학』, 지영사, pp.77~80.

3) 전진성(2004), 위의 책, p.16.

• 우피치 미술관 회랑 전시실

던 메디치가문의 사회적 지위와 정치적 영향력을 강화시키기 위한 도구적 공간이기도 했다.

결과적으로 미술관의 기원으로 볼 수 있는 갈레리아는 자연에 대한 연구와 발명 및 예술적인 것에 관한 관심이 형성된 르네상스시대의 산출물로 볼 수 있다. 하지만 무엇보다 르네상스시대라는 인문학의 부흥에 힘입어 미술품이 예술로 승격되고 경제력을 쥔 새로운 기득권층의 문화적 배경이라는 사회의 구조적 변화에서 탄생된 새로운 형식의 공간이었다. 유명 예술가의 명망을 통해 문화적 의식을 과시하는 상징적 공간이기도 했던 갈레리아는 이후 유럽 각지로 확산되어 절대왕정의 전개과정에서 지배계급의 지배력을 상징하며 그들의

• 18세기 루브르의 그랑 갤러리의 살롱카레

전유문화로 자리 잡게 되었다.

17세기 바로크시대로 넘어오면서 갈레리아는 프랑스에서는 갤러리로 호명되며, 갤러리들은 르네상스 시대부터 이어온 과시적인 상징적 공간에서 벗어나 시각적 효과를 쫓는 공간으로 전개되었다. 17세기 미술품이 왕의 기쁨을 위한 유희의 대상이거나 소장가의 저택을 꾸미기 위한 사적 소유물이었다는 점에서 절대왕정시대 갤러리는 지배계층의 미적 취향과 그들의 세계관을 반영하고 있었다.

18세기에 이르러, 그동안 특권계층만이 향유해오던 미술전시 공간은 시민사회의 시작과 함께 공중(the public)의 개념과 함께 공공기관으로써의 역할과 기능을 부여받게 된다. 지배계급만이 독점해왔던 문화였던 갤러리는 1789년 프랑스혁명의 성공으로 혁명을 주도했던 부르주아들에 의해 대중의 문화로 전환된다. 프랑스 혁명가들은 혁명의 승리를 시민들에게 과시하기 위해 1792년 루브르궁전의 갤러리 자리

에 시민을 위한 '프랑스 박물관'4)을 설립한다는 법령을 공포했다.5)

1793년 시민에게 개방된 루브르미술관(Musèe de Louvre)은 공평한 분배라는 근대국가의 이상을 실현하고자 했던 혁명세력의 문화정책의 일환이었다. 무엇보다 시민사회의 소산이라는 개념과 함께 탄생하여 공공기관으로서 미술관 개념미술이 공공기관의 기능을 담당하게 되자 과거 왕족이나 귀족이 사적으로 독점해온 미술품들이 국민들을 위한 공공재 개념의 의미를 갖게 되었다.6) 한편으로 지배계급의 전유문화가 정치적 변화에 의해 공중의 문화기관으로 전환되었지만 사실상 공공미술관의 운영주체는 시민이 아닌 부르주아라는 새로운 재배세력이었다. 그들은 절대왕정에서 근대적 국민국가로의 전환을 위한 역사적 정당성을 입증하고 공화제 시민으로서 시민의식 향상과 국민통합을 위한 교육적 제도로 활용하고자 했다. 미술관의 역할은 과거 절대왕정시대의 세계관이었던 신학과 왕의 이데올로기에서 벗어나 혁명세력을 정당화시키는 '자유'를 향한 진보적 역사관을 인식시켜주는 '대국민적 의식전환 프로그램'을 실행하는 공간이었다.

공공미술관의 역할이 사회계몽을 위한 임무를 맡은 만큼 미술관의 내부적 기능은 새로운 기득세력인 부르주아들의 진보적 역사관과 궤를 같이하는 미술사의 역사적 규범 속에서 예술품의 수집과 보존, 연구, 복원, 전시가 이루어졌다. 미술사는 18세기부터 본격화된 철학적, 역사적 논의를 통해 미술을 미술 자체의 고유한 목적과 의미 그리고

---

4) 1793년 8월 10일 프랑스 절대왕정이 몰락한 것을 기념하며 혁명세력은 근대국가의 이상이 실현되었다는 것을 시민들에게 증명하기 위해 부르봉 왕가의 소장품들을 공개적으로 보여주는 중앙미술관(Musée Central des Art)으로 개관하였다가 1803년 나폴레옹 박물관(Musée des Napoleon)으로 명칭을 바꾸기도 했다.

5) E. Hooper Greenhill(1992), *Museums and The Shaping of knowledge*, p.78.

6) 윤난지(2007), 『모더니즘 이후 미술의 화두 2—전시의 담론』, p.122.

역사를 지닌 창조적 영역으로 전문화시킨 학문으로 루브르미술관의 출범부터 공조관계에서 발전해왔다. 미술사 연구에 의해 미술관의 수집품들의 목록작성, 양식분류, 창작연대의 측정, 기법분석, 원작자의 규명 등 많은 업무를 수행했다.

미술관 전시방식은 빙켈만(J. J. Winckelmann)의 시대적 양식사에 따라 시대순으로, 그리고 이탈리아, 플랑드르, 네덜란드, 프랑스 등의 지역별로, 나아가 유파(school)별로 분류되어 전시되었다. 고대 그리스부터 18세기 미술에 이르는 장구한 미술의 흐름을 만들어낸 빙켈만은 미술품들이 역사적 연관관계에서 발전되어 왔다는 당시 진보사관의 이데올로기를 보여준 것이다.7) 이 시기 미술관 전시는 푸생이 정립한 아카데미즘 미술이론과 계몽주의의 이상이 결합된 것이기도 하지만 당시 부르주아 세력의 혁명적 정당성을 확보하기 위한 역사주의적 관점을 대중에게 인식시키고자 한 지배세력의 의도가 짙었다.

초기 대중들에게 미술작품을 선보이기 위한 루브르미술관의 공개적인 전시형태는 아카데미가 주관했던 살롱전의 방식에서 벗어나지 못했다. 루브르미술관의 수많은 절대왕정시대에 왕립아카데미의 관리하에 수집된 것으로 왕의 권력과 업적을 과시하거나 귀족적 취향 일색의 작품들이었다. 루브르미술관의 비약적 발전은 나폴레옹박물관이었던 시기 유럽 각지에서 약탈한 예술품과 귀중품들을 전리품의 형식으로 전시함으로써 가능해졌다.

---

7) 18세기 계몽주의 철학과 함께 형성된 진보주의는 혁명 이전 과거를 모두 역사와 시간의 개념에 따라 재단하였다. 19세기는 진보의 개념과 연결된 직선적 시간에 대한 개념을 정당화하는 작업들이 과학적인 방식으로 증명되었다. 과거의 유물과 작품들을 연대별로 나열함으로써 인간의 문화가 단순한 것에서 복잡하고 발전된 형태로 진보하고 있다는 것을 증명하는 것이었다. 이러한 전시방식은 '시간'과 '공간'이라는 문제를 일직선상에서 계획적으로 통제한다는 점에서 한편으로 자본주의적 시간개념을 반영하고 있다.

나폴레옹 집권시기 루브르미술관 관장이었던 드농(V. Denon)은 혁명과 혁명영웅들을 기념하는 회화작품을 대거 주문하여 미술관을 혁명의 역사를 재현하는 기념관으로 인식시키고자 했다. 미술사의 규범 속에서 미술관의 작품들은 혁명으로 이어지는 시대적 순서에 따라 작품을 배치하는 관례가 수립되었다. 무엇보다 전시된 미술관의 미술품들은 미술관이라는 특수한 공간에 의해 작품제작 목적과 의미 그리고 역사를 지닌 '걸작(masterpiece)'으로 규정되어진다. 이제 미술관은 미술사를 토대로 미술품이 사회적으로 공인된 미적 기준을 공인하며 진품의 진위 여부를 결정하는 권력적인 장소를 의미하게 된다. 근대성을 대변하게 된 루브르미술관은 이후 미술사를 토대로 수집, 전시, 연구, 목록작성, 양식분류, 창작연대 추정, 기법분석, 원작자의 규명 등의 업무를 수행하는 공공미술관의 지표로 인식된다. 이러한 미술관이 함의한 정치적 성격의 맥락에서 유럽 열강의 미술관 설립 행진이 이어지게 된다. 영국의 대영박물관(British Museum)[8]은 식민정책으로 수집품이 늘어나자 1849년 신축건물의 예술품들을 공휴일 동안 시민들에게 공개함으로써 대영제국의 영광을 과시하는 정치적 수단으로 활용되었다. 1820년에 스페인의 프라도 국립박물관이, 1830년에 독일의 베를린박물관이 각각 개관하여 자국민의 정체성을 고취시키는 정치적 장소로서 역할을 수행하게 되었다. 한편으로 루브르미술관이 대중의 계몽을 위한 공공기관으로서 미술관의 규범을 제시한 이후 영국은 미술관이 하나의 공공기관이자 교육기관이라는 사실을

---

[8] 영국의 대수집가인 한스 슬로안(Sir Hans Sloyan) 경은 당시 자신이 수집해온 원시미술을 비롯한 필사본, 메달, 책, 지도, 도자기, 회화, 드로잉 등 약 7,000점을 국가에 기증함으로써 1753년 영국의회가 미술관 법안을 통과시키자 1759년 미술관이 설립되었다.

법적으로 제도화였다.9) 1857년에 설립된 영국의 사우스켄싱턴미술관
(South Kensington Museum, 1899년에 Victoria & Albert Museum으로
명칭을 변경)은 미술교육과 산업과의 강력한 관련성을 추구하며 미
술관이 사회발전을 위한 교육기관임을 명확하게 보여주었다.

영국 미술관이 교육기관의 성격을 강하게 가지게 된 원인은 산업
혁명이라는 사회적 배경에서 비롯되었다. 산업혁명을 가장 먼저 실행
한 영국은 산업생산품에 주력함으로써 공예품과 수공예품의 생산과
기술에 대한 관심이 감소되었다. 공장에서 대량으로 생산된 산업제품
들은 수공예에 비해 디자인적인 부분에서 질이 떨어졌다. 산업디자인
의 요소가 다른 유럽국가에 비해 월등히 낮아지자, 영국제 공산품에
대한 소비가 줄고 국가적 차원의 생산부진으로 이어졌다. 19세기 중
반부터 영국정부는 이러한 디자인의 문제를 해결하기 위한 방안으로
디자인학교와 왕립 미술학교(Royal College of Art)를 건립하는 등 미
술교육을 장려하기 시작했고, 미술과 디자인교육 향상을 위해 국가적
차원에서 미술관과 미술학교가 결합된 새로운 형태의 미술관을 만들
게 된 것이다.10)

산업디자인 진흥이라는 실용적인 목적으로 교육적 기능을 강조하
는 사우스켄싱턴미술관은 이후 교육제도의 연장선상에서 미술관을
인식하게 되는 19세기 미국 미술관의 전형을 마련했다.11) 미국은

---

9) 영국은 1845년 의회에서 박물관령(Museum Act)을 통과시키며 미술관은 공공기관이며 교육기관이라는 사
   실을 공고한 이후 정부가 설립과 유지를 주도하는 미술관의 제도적 장치를 마련한다.

10) E. P. Alexander(1983), *Museum Masters: Their Museums and Their Influence*, Nashville, p.154.

11) 실제로 여러 문헌에서 19세기 사우스켄싱턴미술관이 미국의 공립미술관의 설립자들에게 영향을 주었음을
   언급하였다. 미국의 메트로폴리탄미술관은 사우스켄싱턴미술관을 미국이 따라야 할 미술관의 전형으로 언
   급하였고, 1878년 찰스(T. Charles)는 민주사회에서의 미술관의 역할에 대한 강연 중에 사우스켄싱턴미술
   관을 미국 미술관의 모델로 제시했다. 김형숙(2006), pp.22~23.

1860년대 남북전쟁 이후 산업화가 급속하게 진전되자 1870년대부터 유럽에서 많은 이민자들이 유입되었다. 미국정부는 다양한 국적의 유럽 이민자들을 사회적으로 통합시키고 사회적 안정을 구축하기 위해 '교육'을 강조하였다. 이러한 사회 분위기 속에서 미술관은 부족한 학교교육을 보완하고 대중에게 사회가 요구하는 덕목을 교육시키는 교육기관의 임무의 성격을 갖게 되었다.[12] 한편 미국에서는 초기부터 전문예술학교와 미술관이 제휴하는 방식의 미술관학교[13]가 존재하고 있었다. 초기 미술관학교들은 학교의 수집품을 위한 공간에서 점차 발전하여 학교교육을 대신해 공예가나 예술가들을 양성하는 곳으로 활용되었다.[14]

19세기 말 미국은 법적으로 미술관을 교육기관으로 명시하였다. 1870년에 설립된 뉴욕의 메트로폴리탄미술관(Metropolitan Museum of Art)이 전문성과 대중교육이라는 것을 설립 취지로 내세우면서 미국 미술관의 정체성에 영향을 주었다.[15] 메트로폴리탄미술관 설립에 이어 보스턴미술관(Museum of Fine Arts)이 설립되고, 각 주마다 대표적인 미술관이 대중교육을 표방하면서 설립되었다.[16]

---

12) 일반적으로 미국의 1780~1800년 시기의 초기 미술관은 시민의 '지적인 성장'과 '도덕적 성장'을 미술품과 자연사의 지식으로 가능하다고 생각했고 초기 미국 미술관으로 거론되는 필라델피아의 피일미술관(Charles Willson Peale's Museum in Piladelphia)은 대중의 도덕교육을 위해서 미술관 교육을 실시한다는 것을 미술관의 취지에 밝히고 있다. 김형숙(2006), p.30.

13) 현재 남아 있는 미술관학교로는 펜실베이니아미술아카데미(Pennsylvania Academy), 버팔로미술아카데미(Buffalo Fine Arts Academy), 시카고미술연구소(Art Institute of Chicago)가 있다.

14) M. L. Buffington(2007), "Six Themes in the History of Art Museum Education", Pat Villeneuve, editor, *From Periphery to Center: Art Museum Education in the 21st Century*, p.12.

15) J. Orosz(1990), *Curators and Culture: The Museum Movement in America, 1740~1879*, The University of Alabama Press, p.231.

16) 미국 미술관들은 일반인들에게 공개된 공간이었지만, 그것을 활용할 수 있는 계층은 대략 중간층 시민까지였다. 미국 미술관들은 일주일 중 네 번만 문을 열고 일요일에는 문을 닫기 때문에 주말에만 쉬는 하층 노동자들은 미술관에 입장할 기회가 실제로 없었다.

결과적으로 모더니즘 이전 미술관은 과거 소수만이 향유했던 고급 문화를 미술관을 통해 모든 대중들에게 공개함으로써 테일러(J, Taylor)의 말처럼 "모든 사람들에게 엘리트 경험을 나누어주는" 일을 수행하는 공간이 된 것이다. 기득권층의 미적 취향으로 탄생한 갈레리아가 공공성을 가진 미술관으로 전환됨으로써 사회의 미적 기준을 제시하고 기득권의 이데올로기를 재생산하는 권력적 문제를 함의한 채 출발하였다. 한편으로는 공공의 미술관은 사회적 가치를 실현하기 위한 교육적 공간으로 활용되게 되었다.

2. 모더니즘시대 미술관

20세기로 넘어오면서 계몽주의적 미술관이 추구한 목표는 사회적 변화나 새로운 예술개념과 점차 대립하게 되었다. 예술이 삶에 봉사해야 한다고 주장한 니체는 당대에 만연해 있던 역사주의적 사고방식이 호고(好古)적 취미를 부추긴다는 점을 지적하며 이를 '골동품적'이라고 비꼬았다. 니체의 선구적 비판은 추종자들을 낳았고 그들은 박물관이 역사의 이름으로 예술을 사장시킨다고 비판했다.17) 이미 19세기 말 유럽에서는 과거지향적이고 문화수호자적 성격의 미술관에 반대하는 견해가 제기되었다. 20세기 초에는 "과거의 영화 속에 안주하고 있는 모든 미술관은 불태워야 한다"는 과격한 제안조차 등장하게 된다. 이러한 분위기는 과거지향적인 미술관에서 탈피한 모더니즘 미술관의 탄생을 예고하고 있는데, 그것은 미국에서 시작되었다.

---

17) 니체, 임수길 옮김(1990), 『반시대적 고찰』, 청하, pp.107~189.

미국은 남북전쟁 이후 농업사회에서 산업사회로 급속히 변화되었고, 새 지배계층으로 등극한 산업자본가들이 문화에 대한 새로운 후원자층을 형성하였다. 초기 미국 사회의 지배계층인 젠트리(gentry) 계층은 사회개선에 집중된 미술관 개념을 추구했으나 산업자본가인 새로운 후원자들은 그것을 탈피하고자 했다. 산업자본가들은 상당히 진보적인 사회개혁을 꿈꾸고 있었고 그들의 이상을 실현할 수 있는 새로운 미술관을 구상하였다. 20세기 들어 크게 늘어난 미국 미술관[18]들은 주로 산업자본가들에 의해 설립되었으며, 그런 점에서 왕과 귀족 혹은 정부가 설립한 유럽 미술관과는 다른 방향을 추구하였다.

이미 19세기 말부터 유럽의 예술가들은 미술관에 반하는 '탈(脫)역사화' 경향으로 모더니즘 미술을 전개하고 있었고, 전통문화의 기반이 취약한 미국의 신흥부호들은 시대성을 담고 있는 모더니즘 미술을 가치 있는 예술로 수용하기 시작했다. 19세기 후반의 인상주의 미술에 기반을 두고 있는 20세기 모더니즘 미술은 근대적 미술관들이 수용하기 어려운 반아카데미 미술이었다. 그렇지만 19세기 후반 미국의 산업화시대에 크게 성장한 신흥 산업자본가 계층의 일부는 새롭고 전위적인 모더니즘 미술에 공감하였다. 미국의 신흥자본가들은 건국 초기 상류층인 젠트리 계층과 달리 기성제도를 반대하는 모더니즘 미술의 아방가르드 정신이 무에서 유를 창조한 그들 자신의 정신과 같은 맥락으로 이해하고 수용하였다. 이들은 1913년 유럽의 아방가르드 미술을 가장 큰 규모로 미국에서 선보인 아모리 쇼(Amory

---

[18] 현재 미국 미술관의 대부분인 75%는 제2차 세계대전 이후에 설립된 것이지만 대규모 미술관들은 모두 그 이전에 설립된 것이다. Mc Carthy, F. Kevin and H Ondatje et al(2005), *A Portrait of the Visual Arts: Meeting the Challenges of a New Era*, RAND Co, p.xvi.

• 1920년대 후반부터 현재까지 변화된 11 West 53 St의 뉴욕현대미술관 건물

Show)[19]에 대해 열광하였다.[20]

　동시대 미술품 수집에 관심이 늘어난 미국의 신흥자본가 계층은 과거의 미술품을 취급하는 문화수호적 성격의 미술관과 달리 동시대 미술품을 수집하여 전시하는 모더니즘 미술관을 계획하게 된다. 이러한 변화 속에서 1929년 미국에서 모더니즘 미술관의 이정표를 세운 뉴욕현대미술관(Museum of Modern Art)이 설립되었다. 이어 1931년에는 모더니즘 미술의 주요 후원자인 휘트니가 휘트니미국미술관(Whiney American Museum of Art)을 설립하였고, 1937년에는 구겐하임이 구겐하임미술관(Solomon R. Guggenheim Museum)을 설립하였다.

　뉴욕근대미술관 설립은 신흥자본가 계층에 속하는 여성 컬렉터 세 명이 주도하였다. 섬유제조업자의 딸 블리스(L. P. Bliss), 유명 변호사

---

19) 아모리 쇼는 쿤(W. Kuhn), 데이비스(A. B. Davies) 등의 미술가들이 기획하고 대부호 벤더빌트가의 휘트니가 후원하였다. 전시된 작품은 1,800여 점으로 세잔과 뒤샹 이외에 피카소, 브라크, 키르히너, 칸딘스키, 레제, 피카비아의 작품들이 전시되었다. 또한 막스 베버를 비롯한 미국의 진보적 작가들도 참여하였다. 뉴욕을 시작으로 미국 전역을 돌며 전시된 아모리 쇼는 모더니즘 미술에 대한 관심을 고조시켰고 당대 미술에 대한 관심은 곧 신흥 산업자본가들의 수집과 직결된 것이었다. 김주원(2005), "20세기 현대미술과 미술관 제도의 역할: 미국 모더니즘과 MoMA의 관계를 중심으로", 『한국미학예술학회』, 제10집, p.184 참조.

20) 김형숙(2001), 『미술관과 소통』, 예경, p.48.

의 부인 설리번(C. J. Sullivan), 록펠러가의 애비 올드리치 록펠러
(Abby Aldrich Rockefeller)가 그들인데 모두 모더니즘 미술 후원자였
다.[21] 세 여성의 모더니즘 취향을 근거로 하여 뉴욕현대미술관의 선
임 관장인 바(A. H. barr)는 모더니즘 미술관이 추구하는 '전문 미술
관'의 규범을 확립하게 된다. 1929년 8월 뉴욕현대미술관의 설립자는
바가 초안을 작성한 브로슈어를 발행했는데 거기에는 모더니즘 미술
관으로서 뉴욕현대미술관이 나아갈 방향을 제시하고 있었다.

> 당면목표는 …… 앞으로 2년 동안 20개의 전시를 개최하는 것이다.
> 이 전시를 통해 세잔에서 현재에 이르는 미국과 유럽의 최고의 현
> 대 거장들의 작품을 가능한 한 완벽하게 보여주게 될 것이다. 궁극
> 적인 목표는 최고의 현대 미술품들의 소장을 기증이나 구입을 통
> 해 점진적으로 이루어가는 것이다.[22]

이 글에서 바는 현대미술을 선도하는 미술관으로서 작품소장과 전
시에 집중하겠다는, 당시로서는 상당히 급진적인 사고를 보여주었다.
미술관의 목표로서 관람객보다 소장품의 수집과 전시를 우위에 둠으
로써 미술관의 대중적 기능보다 전문적 기능을 강화하겠다는 의지를
보여주었다. 또한 이것은 부족한 교육기관의 연장선에서 1870년부터
미국 정부가 추진해온 미술관 설립 취지인 의무적 교육기관이라는
미술관 규정에서 벗어난 것이었다. 1929년 9월에 작성된 미술관 건립
취지에는 "현대미술에 대한 연구와 그런 미술을 제품으로 만들어 실

---

21) 블리스는 아모리 쇼에서 5점의 회화와 몇 점의 드로잉, 판화를 구입했고, 설리반도 아모리 쇼에서 작품을
구입하였다. 애비 올드리치 록펠러는 아버지의 영향으로 현대미술에 큰 관심을 갖고 있었으며 이미 유럽
및 미국의 현대미술가 작품들을 다수 수집하고 있었다. Sam Hunter(1993), *The Museum of Modern Art,
New york*, The Museum of Modern Art, pp.9~10.

22) 윤난지(2007), 크리스토퍼 그루넨버그-"제시의 정치학: 뉴욕 현대 미술관", p.58; Barr(1929), *A New Art
Museum, Agust Reprinted in Sandler and Newman, Defining Modern Art*, p.69, 재인용.

용적인 삶에 적용하는 것을 장려 발전시키고, 대중에 대한 교육을 제공하는 것"이 포함되어 있으나23) 미술관이 개관하고 1935년까지 미술관 활동이 전시에 집중되면서 교육의 형태로 실시된 것은 없었다. 사실상 뉴욕근대미술관은 미국 신흥 부르주아들의 미적 취향을 위한 문화적 공간으로 설립되었고, 그들이 수집한 모더니즘 작품들이 미술사적 의미를 갖게 하여 작품의 가치를 상승시키기 위한 장소로 활용하게 된다. 이러한 미술관의 취지는 사실은 1933~1934년 연감을 통해 확인할 수 있다.

> '생산(production)' 근본적으로 미술관은 예술지식, 비평, 학문적 연구와 이해, 그리고 미적 취향을 '생산'한다. 이러한 목적들은 미술관의 관장이 지니고 있는 최대한의 관심사이고, 미술관이 가지고 있는 최우선 목적이다. '분배(distribution)' 일단 생산이 이루어지면, 그다음 작업은 그것을 분배하는 것이다. 전시장 공간에 있는 전시는 '분배'의 영역에 속하는 것이다. 전시, 카탈로그, 회원, 광고, 라디오 매체 모두가 '분배'에 해당된다. 생산과 분배의 조화로운 균형은 미술관에서 이루어져야 하는데, 이 중 특별히 생산이라는 측면은 강조되어야 한다. 많은 인력과 자금, 노력들이 생산이라는 측면에 모아져야 한다.24)

사회적 제도인 미술관은 전문성과 대중성이라는 상반된 기능을 추구해야 한다는 측면에서 여기서 첫 번째로 명시하고 있는 '생산'은 미술관의 '전문성'으로, '분배'는 '대중성'의 의미로 해석될 수 있다. 무엇보다도 미술관의 최우선 목적이 '생산'이라는 점을 강조함으로써 미술관의 목표가 '전문성' 강화에 있음을 알 수 있다. 이후 뉴욕현

---

23) 윤난지(2007), p.59.

24) 윤난지(2007), p.63; 김형숙(2001), p.61, 함께 참조.

대미술관은 미술사가이자 신임관장인 바에 의해 미적 자율성과 예술적 순수성을 옹호하는 모더니즘 미술사를 정립하고, 모더니즘 미술을 생산하는 모더니즘 미술의 산실이 된다. 바는 뉴욕현대미술관의 소장품들이 과거와 차별화되고 새로운 미술사의 시작을 보여주기 위해 기존 미술관의 전시규범에서 탈피하여 전시되게 하였다. 근대성과 단절된 모더니즘이라는 미술사적 정당성은 전시방식조차 새롭게 변화되게 하였다. 바는 모더니즘 미술의 자율성을 옹호하고 개별작품의 감상을 극대화하기 위해 화이트큐브(white cube)25) 공간이라는 모더니즘적 전시공간을 탄생시켰다.

뉴욕현대미술관 이전의 근대적 미술관들에서 벽면은 과거 갤러리 전시방식에서 크게 벗어나지 못하고 건축물의 특성에 맞춰져 있었다. 여러 개의 작품이 한 벽면에 걸리기도 하고, 작품과 어울리지 않는 색을 지닌 벽면에 작품이 전시되기도 했다. 그러나 당시 미국에서 알려지지 않았던 독일의 폴크방 뮤지엄의 전시방식26)에 연감을 받은 바는 폴크방 전시를 참고하여 전시공간을 모두 흰색에 가까운 아이보리색으로 바꾸고 작품과 작품 사이의 간격에 거리감을 충분히 두며, 관람자의 눈높이에 보다 더 가깝게 만들어 조명을 받도록 했다. 이렇게 함으로써 작품의 개별성을 강조하여 미적 경험을 극대화시킬 수 있었다.

---

25) 화이트큐브는 백색의 사각형 전시공간을 의미한다. 모더니즘 미술관이 추구했던 모더니즘 미술의 순수성은 사실상 화이트큐브라는 공간이 만들어냈다는 것을 역설한 오도허티(B. O'Doherty)가 최초로 언급하면서 모더니즘 미술관의 전시공간을 비판하는 용어로 사용되었다.

26) 베이지색 벽에 모더니즘 작품들이 듬성듬성 낮게 걸려 있는 방식으로서, 바는 베이지나 브라운 같은 중성적 색이 작품을 돋보이게 할 것으로 생각했다. Beaumont Newhall(1979), "Alfred H. Barr, Jr: He Set the Pace and Shaped the Style", Art News, 78, no. 8, October, pp.134~135.

고흐의 전시에서 회화작품들은 작품의 크기에 따라 대칭적으로 배열되지 않았다. 작품들은 벽의 중앙에 가장 큰 것이 걸리고 그다음에 큰 것들은 벽의 끝부분에 걸렸다. …… 회화작품들은 미술사적인 양식과 시대에 따라 연속적으로 설치되지 않았고 작품에 대한 어떠한 설명이 붙은 라벨도 전시장에는 존재하지 않았다. 작품들은 서로 공간을 충분히 만듦으로써 각각의 작품들이 서로 영향을 받지 않도록 고려되었다.27)

바가 탄생시킨 화이트큐브의 전시는 진보적 역사관을 보여주고자 했던 모더니즘 이전 미술관의 전시방식이었던 역사적인 시대순이나 양식적 카테고리의 방식과 확연히 달랐다. 스타니제프스키(M. A. Staniszewski)를 비롯하여 많은 논자들이 지적했듯이, 바의 전시방식은 자율적이고 독립적인 근대적 주체개념과 궤를 같이한다는 측면에서 이제까지의 역사와 단절을 의미하며, 각각의 작품이 지닌 미적 자율성을 최대한 강조하고자 하는 모더니즘 미학의 연장선에서 이루어진 것이다. '화이트큐브'라는 새로운 전시공간은 예술성을 강조하는 '예술을 위한 미술관'이라는 모더니즘 미술관 패러다임의 상징이 되었다. 모더니즘 미술관을 미학적 미술관으로 규정한 던컨(C. Duncan)은 화이트큐브 공간에서 미술작품은 미적 관조의 대상으로 승격되고 미술관은 예술의 제의적 장소를 연상시킨다는 비판적 관점을 제시했다.28) 세잔, 쇠라, 고흐의 후기인상주의 작품의 대관전으로 시작된 뉴욕현대미술관의 전시는 이후 추상미술과 큐비즘(1936)29)으로 이어지

---

27) M. A. Staniszewski(1998), *The Power of Display: A History of Exhibition Installations at the Museum of Modern Art*, The MIT Press, p.135.

28) C Duncan(1998), "The Art Museum as Ritual", *The Art of Art History: A Critical Anthology*, ed. by Donald Preziosi, Oxford Univ. Press, pp.473~485.

29) 이 전시 카탈로그 서문에서 "벌써 20년 전에 순수 추상화들이 발표되었으며 추상미술이 다다를 수 있는 많은 최종적 단계들은 전쟁 이전에 이미 달성되었다"고 하여, 이 전시에서 바는 현대미술의 아이덴티티를 추상미술에서 찾고 있다. A. Barr(1974), *Cubism and Abstract Art*, (exh. cat) Museum of Modern Art,

● 뉴욕현대미술관의 개관전, '세잔, 고갱, 쇠라, 고흐'전, 1929년

는 모더니즘 미술사를 수립하는 과정에서 일상적 삶의 영역들과 분리된 이상적이고 정치적인 이데올로기나 미학적 경험의 감각이 강조되었다.[30] 미학적 맥락에서 이루어진 1938년 바우하우스 회고전을 시작으로, 미국 산업생산물의 심미성을 보여주고자 했던 '기계미술'전, '유용한 물건들'전, '좋은 디자인'전[31] 등이 기획되었다. 이러한 전시는 기능성을 가진 세속적 물건들조차 미술관에서는 미학적 차원으로 승화될 수 있다는 신념을 보여주는 모더니즘 미술관이 추구하는 미학적 가치를 보여주는 사례였다.

또한 전쟁의 선전과 전쟁의 정당성이라는 의미를 전달하고자 한 '승리를 향한 길'전[32]은 근대적 미술관이 보여주었던 정치적 성격을

New York, p.11.

[30] M. A. Staniszewski(1998), 위의 글, p.70.

[31] M. A. Staniszewski(1998), 위의 글, p.152~159.

그대로 보여주는 사례이다. 모더니즘 미술관 또한 전시를 통해 사회문화적, 미학적, 이데올로기적 담론들을 재현하는 과정에서 사회지배세력의 관점을 대변한 것은 기득권의 이데올로기 생산과 확산을 담당했던 근대미술관의 연장선상에 있다. 뉴욕현대미술관이 새로운 미술관 전시규범을 제시하고 있을 무렵, 유럽의 상업 갤러리들은 전시공간이 대중과 예술가가 소통하는 공간임을 보여주었다.33) 갤러리와는 대조적으로 모더니즘 미술관은 관람객과의 소통보다는 미술관의 이념을 내세우는 전시를 통해, 소수의 문화 생산자와 미술관에 영향력을 행사할 수 있는 엘리트 계층의 이데올로기를 대변하였다. 게다가 뉴욕현대미술관은 미술관을 통해 그들이 가치 있게 생각하는 미의 이상(Ideal)을 전달하기 위하여, 현대미술이 점진적으로 진보하여 추상미술로 나아가게 된다는 모더니즘 미술사를 구축하였다. 즉 자신들이 소장한 예술작품의 가치를 부여하고 증명하는 과정에서 미술관은 미술계의 권력으로 작동하며 모더니즘 미술을 위한 미학적 성전(聖殿)을 구축한 것이다.

뉴욕현대미술관의 화이트큐브 전시공간과 미술관 개념은 모더니즘 미술의 흐름을 주도하게 되면서 모더니즘 미술관 패러다임을 제시하였고, 이후 세계 각국으로 새로운 미술관의 전범으로 파급되었다. 한편으로 모더니즘 미술관에 대한 단토(A. C. danto)의 지적처럼 미술관은 대중과 동떨어진, 현실적 삶이 배제된 곳으로 소수특권층의

---

32) M. A. Staniszewski, 위의 글, pp.210~241.

33) 1920년 키슬러가 기획한 "새로운 연극기법의 국제전시"는 작가들이 직접 전시에 참여하고 L자와 T자 모양의 가벽을 설치하여 전시공간의 자유로운 분위기를 연출했다. 당시 이 전시는 작품과 관람자 간의 상호작용으로 예술작품의 의미가 새롭게 창출됨을 인식시킨 전시로 평가된다. M. A. Staniszewski(1998), p.235.

문화로 인식되어졌다.34) 모더니즘 미술관이 추구해온 미적 취향의 '생산'은 엘리트 계층이 추구하는 보편적이고 추상적인 미적 취향을 재생산하는 데 집중함으로써 일반 대중들의 정서나 취향은 배제된 것이다. 미술관의 역사에서 뉴욕현대미술관은 동시대 예술품의 가치를 연구하고 그 의미를 생산하고 확산시키는 전문적 미술공간인 모더니즘 미술관 개념을 제시하였다. 하지만 엘리트 자본의 토대 위에 설립되어 미술관의 공익적 가치를 실현하기보다 소수 엘리트 계층의 전유문화이자 대중에게 그들의 이데올로기를 구축하는 성격이 강조되는 장소였다. 결과적으로 예술의 동시대성과 전문성이 강조된 반면 대중성은 상대적으로 약화되는 양상으로 전개되었다.

3. 포스트모더니즘시대 미술관

포스트모더니즘 미술관은 모더니즘 미술관에 대한 비판적 관점에서 출발한다. 모더니즘 미술관은 그린버그가 주장한 모더니즘 예술이 추상으로 나아가는 순수미학의 발전과정의 정당성을 입증하는 장치이며, 현실과 괴리된 초월적 가치를 전달하는 공간이었다. 이렇듯 모더니즘 미술관이 추구한 미술의 미학적 순수성은 결과적으로 현실문화의 다양성과 대중들의 관점은 배제되어 그들과 다른 문화에 대해 배타적 태도를 취하게 된 것이다.

모더니즘 미술관에 대한 비판적 관점은 사회학, 인문학, 미술관학 등 각 분야에서 쏟아져 나왔다. 1960년대 사회운동은 미술관에 대한

---

34) A. C. Danto, 이성훈 · 김광우 옮김(2007), 『예술의 종말 이후: 컨템퍼러리 미술과 역사의 울타리』, 미술문화, p.329.

제도적 비판을 확산시켰고, 학자들은 전문성을 지향하는 모더니즘 미술관이 사실은 모더니즘 미술과 미술관, 그리고 자본주의의 암묵적인 담합관계라는 사실을 폭로했다. 사회학자들은 계층 간 문화적 갈등을 야기한 제도의 하나로 미술관을 지적했다.35) 1993년 영국의 *The Independent on Sunday*의 관람객 계층조사에 의하면, 1/3 이상이 사회적 직업상 상류층에 속했고, 13%만이 25세 이하였다. 당시 노동자, 가정주부, 고용인이 인구의 60%를 차지했지만 그들은 관람객의 20%도 차지하지 않았다.36) 미술관 관람객 조사의 통계는 미술관의 혜택을 받는 수혜자가 중상류 계층에 집중되어 있음으로써 정작 미술관은 중하위 계층이나 소외계층에게 주변화되어 있는 문화적 공간임을 증명하는 것이었다.

이렇듯 대중을 위한 공공문화기관인 미술관이 대중을 소외시켜 왔다는 비판적 목소리가 높아지고 있을 무렵, 1980년대 자유시장경제라는 경쟁적 자본주의 논리에 의해 세계경제가 침체되면서 미술관도 경제적 위기를 겪게 된다. 비영리기구인 미술관은 외부의 자금지원에 크게 의존해왔기 때문에 정부의 공적 자금이 축소되면서 경제적 어려움을 겪게 된다. 게다가 변화된 경제구조로 높아진 운영비와 전시비용, 기부문화의 변화, 축소된 자원봉사 등으로 운영난은 더욱 가중되었다.

이 시기 미술관은 미술관의 대외적 이미지, 자체적인 경제적 위기

---

35) 계층 간 문화적 차이를 교육이 재생산하고 있다는 관점에서 부르디외는 미술관도 예술작품을 일상세계와 분리시키고 신성화시킴으로써 교양을 갖춘 부르주아 계층만이 예술을 향유할 방법을 독점하게 하여 계급적 차이에 따른 소속감과 소외감을 강화시키는 기관이었다고 주장한다.

36) International Council of Museum(ICOM, 2001), 하태환 옮김, 『박물관과 미술관의 새로운 경영연구』, 궁리, p.83.

를 벗어나기 위해 무엇보다도 관람객 개발을 통한 자체수익 증대와 대중을 위한 미술관으로 이미지 쇄신을 추구하게 된다. 신자유주의의 전환과정에서 나타난 부의 쏠림현상으로 중산층의 범위가 점차 줄어들자 중산층 후원자들의 범위가 축소되어 그들이 더 이상 미술관의 재정적 안정성을 담보하지 못하게 되었다. 이렇게 되자 미술관은 이제까지 주변화되어 왔던 일반 대중 관람객을 미술관의 주요 고객으로 새롭게 인식하게 된다. 이러한 사회경제적 위기변화에 대처하고자 미술관은 문화연구나 학제적 연구를 바탕으로 대중적 관점에서 미술관 변화를 모색하게 된다. 이러한 사회적 변화에 따른 위기적 상황을 모면하기 위한 과정에서 포스트모더니즘 미술관 패러다임이 등장하게 된다.

우선 포스트모더니즘이라는 새로운 문화적 담론 속에서 변화의 조짐이 시작되었다. 예술계에서 후기구조주의(poststructuralism), 페미니즘(feminism), 다문화주의(multi-culturalism) 등이 담론화되면서 모더니즘의 신화를 검증하고 해체하려는 시도가 본격화되었다. 이미 1970년대에 모더니즘 미술의 물질성과 제도에 반발한 개념미술가들을 중심으로 모더니즘 미학을 생성하고 제도화시키는 미술관을 비판하고 공격하는 반미술관 운동이 일어났다. 1970년대 개념미술가들은 '정보'전37)을 통해 기존의 미학적 맥락의 작품이라는 인식을 뒤집게 된다. 모더니즘 미술관의 시장원리와 이데올로기를 폭로함으로써 반미술관 운동을 미술관에서 실천하였다. 그들은 미술관 내의 큐레이터, 작

---

37) 1970년 뉴욕현대미술관에서 열린 '정보'전은 전통적인 개념의 큐레이터, 작가, 화상, 미학적 제도들의 영역에 대한 한계가 전복된 역사적 전시였다. 전시장 첫 번째 작품인 한스 하케의 〈근대미술관의 여론조사 MoMA Poll〉는 1970년대 정치적 상황과 맥락 그리고 미국과 뉴욕현대미술관이라는 제도와 관련된 내용을 투표형식으로 작품화하였다. 작품을 통해 정치에 관람자들을 직면하게 함으로써 관람자들에게 모더니스트 미학을 전복하게 하고 미술관의 정치적 상관성을 강조하였다. 당시 하케의 작품은 미술관 제도에 대한 도전을 의도한 것이다.

가, 화상, 미학적 제도들의 영역에 책임을 묻는 방식의 작품과 전시방식을 통해 모더니즘 미술관의 규범에 이의를 제기하였다.

반미술관 운동은 이미 말로(A. Malraux)의 '상상의 미술관(Le mussée imaginaire)'[38]에도 등장하였다. 그는 역사적으로 인식되고 가치가 부여되어 구조화되어 온 미술관의 방식을 검토하여 미술관 개념의 확장과 인식의 전환을 예견했다. 문화민주주의를 지향한 말로는 미술관이 이탈리아 고전주의 미술을 기준으로 미적 취향을 제시하고 그것을 유럽적 취향의 표준으로 확립시키는 제도적 공간이었으며, 이를 통해 문화적 차별을 일으키는 거대한 장이 되었다고 비판했다.[39]

1960년대 이후 사회 전반의 변화도 모더니즘 미술관 운영에 전환적 계기를 마련하였다. 대중문화가 사회 전반을 주도하게 되자 모더니즘 미술관의 주된 관람객이었던 중산층 관람자들이 대중문화의 소비자로 전환되면서 1980년대 이르러 미술관의 관람객은 줄어들게 된다. 또한 미술시장이 확대되고 미술작품 거래를 주로 상업화랑과 경매회사가 담당함으로써, 미술작품의 가치형성에 권력을 행사하던 미술관들은 컬렉션에 대한 권력마저 상실하게 된다. 특히 1980년대 일어난 세계경제의 위축은 국가 예산문제로 이어져 문화정책의 탈중앙집권화로 나타나며 일본을 비롯한 일부 국가의 미술관은 지역공동체의 기관으로 운영되기 시작한다. 비영리기구인 미술관에 대한 정부지원이 삭감됨으로써 1980년대 미술관들은 미술관의 권위와 경제적 위기를 동시에 겪게 되었다. 재정적 타격으로 미술관은 자체 수입과 민

---

38) 미술관의 대안으로 제시한 말로의 '상상의 미술관'은 고전주의적 미적 기준을 밀어내고 삶과 예술의 경계가 사라지고 고급과 저급, 동양과 서양, 도시와 민속을 포용하는 것을 의미했다.

39) R. E. Krauss(1996), "Postmodernism's Museum without Walls", Thinking about Exhibitions, Routlege, pp.341~348.

간재원의 의존적 형태로 나아가게 된다. 미술관이 자체 수입을 늘리고 민간 부문의 재정적 지원을 얻기 위해선 모더니즘시대의 고급스런 이미지보다는 대중들의 시선에서 더욱 친밀함을 느끼게 하여 기존 관람객들보다 더 많은 관람객들이 미술관을 방문하도록 해야 했다. 대략 미술관을 둘러싼 사회적 변화는 미술관이 대중을 새롭게 인식하게 하는 계기를 마련함으로써 대중주의를 목표로 한 미술관의 새로운 패러다임을 제시하게 된 것이다. 미술관은 대중과 지역사회를 의식하게 되었고 그들로부터 지지를 얻기 위한 새로운 미술관 패러다임을 형성하게 되었다. 이러한 변화 속에서 1974년 국제미술관협회(ICOM)는 미술관의 개념을 '사회를 위하여, 그리고 사회의 발전을 위하여 봉사하는 비영리적인 상설기관'이라고 규정하며 미술관의 사회적 역할을 강조하게 된다.

모더니즘시대에 '전문성'을 지향하던 많은 미술관들은 관람객 중심의 '대중주의'로 전환하게 된다. 미술관 패러다임 변화는 관람객 층위의 다양화와 관람객 수의 증대라는 목표하에 소장품과 전시 중심의 미술관에서 벗어나 대중을 위한 교육, 서비스를 확대시키게 된다. 이러한 '대중주의' 포스트모더니즘 미술관은 1970년대에 시작되어 1980년대 이후 문화산업의 연장선에서 미술관의 패러다임을 제시하게 된다. 포스트모더니즘 미술관은 1977년 프랑스 파리에 설립된 퐁피두센터(Centre Georges Pompidou)가 기초를 마련하였다. 기존의 미술관과 차별화된 새로운 미술관임을 상징하고자 한 퐁피두센터는 노출된 구조의 건축물 외형을 통해 기존 미술관이 갖고 있는 권위적이고 전통적인 외관과 차별화시켜 개방성을 표명하였다. 당시 프랑스를 비롯한 유럽의 미술관들은 18~19세기 건립되어 건축물이나 컬렉션

들에서 과거 문화예술의 수호
자적 이미지가 강했다. 특히 문
화강국이라는 자존심이 강했던
프랑스는 유럽의 모더니즘 미
술이 미국으로 이식된 이후 미
국을 중심으로 현대미술이 움
직이는 것에 대해 위기의식을

● 파리의 퐁피두센터

가지고 있었다. 이러한 관점에서 퐁피두 대통령은 파리를 중심으로
발흥된 모더니즘 미술을 파리에 집결시키고 20세기 시각예술에서도
여전히 프랑스가 문화강국이라는 이미지를 세우고자 퐁피두센터를
국가적 사업으로 진행한 것이다.

　대중에게 개방된 새로운 형태의 현대적 미술관인 퐁피두센터는 미
술관과 공공도서관, 산업디자인 센터, 영화 박물관, 음악·음향 연구
센터가 공존하는 복합문화공간을 표방하고 있다. 퐁피두센터의 새로
운 건축형식은 기존의 모더니즘 미술관과 달리 다양한 관람객을 고
려한 공간으로 설립되었다는 점에서 포스트모더니즘 건축미술관의
전형이었다. 다양한 대중의 문화적 취향을 고려하여, 시각예술을 비
롯하여 여러 장르의 문화활동을 수용하는 복합문화공간으로서 미술
관 패러다임을 제시했다. 퐁피두센터는 퐁피두 대통령이 계획한 문화
공간 프로젝트 중의 하나였다. 1970년대 빈민가가 밀집해 있던 파리
보부르 지역의 재개발사업의 일환으로 건립된 퐁피두센터는 문화산
업으로서 미술관의 가능성을 보여주는 첫 번째 사례이기도 하다.

　포스트모더니즘 미술관의 '대중주의'의 극단적 행태이자 문화산업
으로서 미술관의 개념을 제시한 것은 구겐하임미술관(Solomon R.

Gugenhime Museum)이었다. 1980년대 경제적 위기를 겪게 된 구겐하임미술관은 문화산업으로서 미술관의 가능성을 보여준 퐁피두센터를 전범삼아 미술관 경영, 전시, 서비스, 교육에서 새로운 전략을 마련했다. 당시 구겐하임미술관은 베니스에서 미술관을 운영하던 페기 구겐하임(P. Gugenheim)의 사망으로 그녀가 소유하던 소장품들을 위임받았다. 늘어난 소장품과 분관으로 자금난에 직면하고 있던 구겐하임미술관은 1988년 경영자 출신의 크렌스를 관장으로 선임하였다. 크렌스의 취임은 미술관 역사상 획기적인 사건으로 이미 미술관 패러다임의 변화는 예고된 것이었다. 역대 미술관 관장들은 거의 미술사가 출신으로 미술관의 전문성을 강화시켰다면 경영자 출신의 관장은 미술관을 더 이상 예술의 성역으로만 인식하지 않고 대중을 위한 상업적 공간으로 간주하게 되었다. 크렌스는 다국적기업 운영의 관점에서 미술관을 분석하고 다음과 같은 미술관 운영전략[40]을 통해 포스트모더니즘 미술관 패러다임을 구축했다.

① 글로벌 구겐하임
② 기업의 후원 유치
③ 조직구조의 개편과 기획전시의 대량생산
④ 기업형 마케팅 전략과 새로운 관람객층의 유도
⑤ 브랜드의 통합과 확장
⑥ 소장품 공유
⑦ 소장품 처분 정책

---

40) 최수현·강나서영(2004), 『기업처럼 운영하는 구겐하임미술관』, 이마스, p.45; 양성욱(2001), "미술관 경영 교과서", 『문화도시 문화복지』, 103호, p.34.

이러한 운영전략은 다국적기업 경영방식을 비영리재단인 미술관에 도입한 것으로 크렌스는 미술관 역사상 전례 없는 영리추구 기업으로 전환시킨 것이었다. 크렌스의 계획대로 '글로벌 구겐하임'의 목표는 이탈리아 베니스(1976), 뉴욕 소호(1992), 독일 베를린(1997), 스페인 빌바오(1997), 라스베가스(2001) 등 세계 각지에 동일한 브랜드의 미술관을 두고 다국적기업의 형태로 운영되었다. 이러한 글로벌 경영을 통해 기존의 방대한 소장품은 분관의 '월드투어'를 통해 좁은 수장고 문제를 해결하고 추가적인 수익을 창출했다. 무엇보다 구겐하임미술관의 기업적 경영방식을 잘 보여주는 대목은 소장품의 판매와 구매에서 드러난다. 그동안 미술관은 소장품을 무상으로 기증받고 영구 소장하는 것을 원칙으로 문화발전을 위한 비영리기관으로 존립해 왔다. 그러나 구겐하임미술관은 1990년 칸딘스키를 비롯한 소장품 3점을 팔아 판자 컬렉션41)을 구입했다. 특히 경매를 통해 작품을 팔고 사는 과정에서 크렌스 관장이 보여준 사업적 행태는 많은 비평가들로부터 비판을 불러일으켰다. 구겐하임미술관의 소장품 판매에 대해 크라우스(R. E Krauss)는 문화적 지식의 계승과 발전을 위한 공공세습 재산의 수호자라는 미술관 개념을 고가의 재산목록과 성장욕구를 지닌 기업으로 변경시켰다고 비판했다.42) 소장품 판매는 구겐하임미술관 경영의 핵심인 수익창출을 위해 이루어진 것이었다. 이는 기존의 엘리트를 위한 미술관 이미지에서 탈피하여 더 많은 대중을 입장시켜 수익을 창출하겠다는 것이 아니라 작품의 경제적 가치를 통해

---

41) 이탈리아의 미술품 수집가인 판자 백작(C. G. Panza di Biumo)은 미국의 1950~1960년대 작품들을 대거 소장하고 있었다. 구겐하임은 판자 컬렉션 중 미니멀리즘과 개념미술 211점을 일부는 사고 일부는 기증받는 형식으로 소장하게 되었다.

42) R. E Krauss(1990), "The Cultural Logic of the Late Capitalist Museum", October, p.7.

수익을 창출하고자 하는 철저한 기업적 마인드에서 비롯된 것이다. 기업적 운영은 미술관 내 조직개편을 통해 이루어졌다. 1980년대 중반에 4명이던 큐레이터 수가 2001년에 26명으로 늘어났고, 1995년부터 2001년까지 95개의 전시를 자체 기획해 미술관 순회전시를 하는 '기획전시 대량생산 체제'를 도입하였다. 기업 후원금 유치를 위해 특별기획전이라는 명분으로 기업홍보 전시43)를 유치함으로써 미술관은 기업, 미술작품은 상품임을 다시 한 번 증명했다.

포스트모더니즘 미술관이 추구하는 문화산업으로서 미술관의 전형은 스페인의 바스크 정부와 합작한 빌바오 구겐하임미술관이다. 낙후된 폐조선소 지역을 기념비적 건축물과 유명 미술관의 이미지를 결합하여 문화적 명소로 탈바꿈시킨 빌바오 구겐하임미술관의 설립은 21세기 새로운 미술관의 문화산업의 가능성을 제시한 것이다.

새로운 형태의 자본주의 체제인 신자유주의 원리는 포스트모더니즘 미술관 패러다임을 성립시키는 토대가 되었고, 구겐하임미술관 운영방식은 1990년대 이후 21세기 미술관의 전형이 되었다. 구겐하임미술관으로 대표되는 포스트모더니즘 미술관은 기존의 비영리제도로서의 성격에서 벗어났을 뿐 아니라 후기자본주의 논리 속에서 다른 문화산업들과 경쟁하는 문화산업으로 자리 잡은 것을 의미했다. 미술관을 기업논리로 운영하는 포스트모더니즘 미술관에 대한 비판이 최근 늘어나고 있다. 비판적 담론의 요지는 점차 대중에 초점을 맞추어 운영되는 미술관이 레저와 소비공간으로 인식된다는 것이었다. 또한 새로운 문화적 창출을 위한 담론의 장을 마련하기보다는 대중 확보

---

43) 1998년 뉴욕 본관에서 개최된 BMW의 '모터사이클과 예술성' 전시, 2000년 조르지오 아르마니 회고전.

● 스페인 빌바오 구겐하임미술관 전경. 2008

를 위해 블록버스터 전시[44]의 대량생산체제로 나아간다는 점이다. 블록버스터 전시는 일종의 시각소비의 공간이 된 미술관 양상 중 하나로 특정한 미학적 입장을 대중에게 주입시켜 예술에 대한 협소한 시각을 갖게 하고 문화제국주의를 재생산하는 한계를 가진 전시이다. 미술관의 블록버스터 전시는 대중의 눈높이에 맞추는 방안으로 예술품의 가치와 의미에 대한 담론 가능성을 차단하여 미술관만이 갖는 전문적 기능을 떨어뜨리고 있다는 비판을 받아왔다.

　새롭게 설립된 포스트모더니즘 미술관들 중에는 이러한 비판적 담론을 인식하고, 다문화주의(multi-culturalism)와 로컬리티(locality)를 내세우며 지역공동체의 성격을 부각시키기도 한다. 그러한 사례로 일

---

44) 블록버스터 전시는 일반적으로 많은 관람객을 동원할 수 있는 흥행성을 목적으로 한다. 한국에서 주로 이루어진 블록버스터 전시의 사례는 주로 서양미술사의 유명 화가들의 전시인 〈색채의 마술사-마르크 샤갈〉, 〈로댕〉 등이 있고 서양미술사를 여과 없이 보여주는 〈모네에서 워홀까지〉, 〈인상주의〉 전시 등이 있다.

본 가나자와에 있는 21세기미술관이 있다. 21세기미술관은 현재 세계에서 흑자를 내는 미술관 중 하나로 설립과정에서부터 건축, 운영, 전시 등 지역주민의 입장을 고려하고 대중의 참여를 유도해왔다. 미술관이 시장의 논리에 지배되어 전문성과 예술적 가치가 퇴색되는 것은 우려할 일이다. 하지만 모더니즘 미술관에 비해 문턱이 낮아진 포스트모더니즘 미술관이 대중들의 욕구를 이해하고 소통하고자 한다는 점은 긍정적으로 볼 수 있다. 대중의 입장에서 모더니즘 미술관이 미술전문가들의 눈높이에 맞춰졌던 반면 포스트모더니즘 미술관은 미술에 대한 비전문가 집단인 대중의 눈높이에 맞추고 있다는 점에서 미술관과 대중과의 간극이 줄어든 것이다.

다양한 문화적 욕구를 가진 현대인들에게 전시, 교육, 오락을 동시에 즐길 수 있는 복합문화공간으로서 포스트모더니즘 미술관의 변화는 자연스러운 변화로 볼 수 있으나 미술관 고유의 전문성이 희석되고 왜곡될 수 있다는 점에서, 대중주의로 나아가는 포스트모더니즘 미술관에는 긍정적인 측면과 부정적인 측면이 공존하고 있다.

제2장 | 미술교육의 변모

1. 모더니즘 이전의 미술교육

미술교육이 합리적인 학문으로서 이론적 토대 위에 체계적인 교육이 실시된 것은 르네상스시대의 아카데미부터였다. 길드적 교육방식에서 벗어난 아카데미는 르네상스시대 예술가의 천재적 재능을 인정하는 사회적 분위기 속에서 등장하였다. 르네상스시대에는 경제적 상류계층을 중심으로 미술애호가와 재능 있는 예술가들에 의해 미술시장이 형성되었고, 재능 있는 예술가들은 왕실과 교회, 후원자들에게 존경을 받는 위치로 격상되어 길드의 구속에서 벗어난 독립적 활동이 가능해졌다. 예술가들은 당시 사회의 정신적 리더였던 인문학자들과 교류하며 자신들의 위치를 더욱 공고히 했고 길드의 기술전수 교육방식에 대해 이의를 제기하며 아카데미 교육이론 체계를 마련했다.

알베르티(L. B. Alberti)는 비례와 원근법이 수학에 근거한다는 학문적으로 접근한 『회화론』으로 아카데미 교육의 기초를 이루는 과학적 예술관을 세웠다. 다빈치(L. da Vinci)는 기술을 익히기 전에 지식을 연구해야 한다며 보편적 학문의 지식추구를 통한 미술교육을 언급했다. 미켈란젤로(L. B. S. Michelangelodi)는 조각을 '시엔자 스튜디오사(scienza studiosa)', 즉 기계적·노예적 기술이 아닌 학습된 과학으로 간주하며 미술이 단순한 기술과 구별되는 학문적 영역임을 주장했다.[45]

이 시기 예술가들은 수공예품에 비해 비실용적인 회화와 조각의 가치를 천재의 정신적 산물로 격상시키고 학문과 연계한 미술이론을 체계화함으로써 미술의 학문적 타당성을 마련하였다. 미술교육이 학문적 형태를 갖추어 실행된 곳은 아카데미였다. 최초의 미술아카데미는 1562년 코시모 데 메디치의 후원으로 설립된 아카데미 델 디세뇨(Academia del disengno)[46]였다. 디세뇨는 교사가 정규교육과정을 운영하는 근대적 의미의 학교는 아니었지만 1608년 피아레티(O. Piareti)에 의해 체계적인 드로잉 교재가 발간되고[47] 미술과 해부학, 고전에 대한 인문학과 수학 등 르네상스 사회 전반을 지배했던 합리주의 정신에 입각한 예술가들의 이론이 연구되었다. 르네상스 전성기 이탈리아 천재들이 세운 법칙과 인문주의에 근거한 아카데미 미술교육은

---

45) Efland, A. D.(1989), History of Art Education: Intellectual and Social Currents in Teaching the Visual Arts, 박정애 옮김(2000), 『미술교육의 역사』, 예경, pp.51~53.

46) 바자리가 아카데미의 원장으로 임명되며 사용하게 된 '디세뇨(disengno)'는 정신적 개념, 머릿속에서 상상하고 이념으로 형성된 어떤 것을 눈에 보이도록 표현하고 묘사하는 것을 의미한다. '디세뇨'는 현대에서 쓰고 있는 소묘라는 의미의 데생과 상업미술계에서 사용하는 디자인이라는 용어의 어원이지만 그리다, 구상하다, 계획하다는 의미의 동사 'disegnare'의 명사형이며 소묘, 도안, 설계도라는 뜻으로 사용되기도 하는데 바자리가 사용한 '디세뇨'는 이 의미들을 모두 함축하고 있다. 다시 말해 개념이 손을 통해 구체화되는 것을 '디세뇨'라 이름 한 것으로 건축의 도면, 조각을 위한 스케치나 소묘, 회화의 밑그림 등이 모두 이에 속한다.

47) Efland A. D.(1989), pp.55~58.

이후 유럽의 아카데미의 기초교육과정인 인체해부학과 드로잉 교육의 토대가 되었다.

17세기 예술의 중심지가 프랑스로 이동하자 미술교육 또한 프랑스 아카데미가 주도하게 된다. 이전에 볼 수 없었던 강력한 왕권체제 속에 설립된 프랑스의 왕립 조형아카데미(Académie Royale de Peinture et de Sculpture)[48]는 절대왕권의 후원 아래 관리되고 통제되면서 왕의 권위와 왕실의 질서를 유지하는 관료적·권위적인 국가기관으로 변모하였다. 미술교육뿐 아니라 수공예품의 통제기관의 역할까지 수행했던 아카데미는 18세기 이후 설립될 전문 미술학교와 공교육의 미술교육 틀을 마련하게 된다. 당시 아카데미 원장이었던 르브룅(C. Le Brun)은 순수미술과 공예를 확연하게 구분하여 아카데미 미술교육의 규범을 세우고 순수미술이 산업예술에 기여할 수 있는 체제로 운영하였다. 아카데미 미술교육의 핵심은 고전주의의 이상을 통해 왕의 권위를 선전하고 프랑스의 주요 사업인 사치품 산업의 발전을 위하는 것이다. 18세기 유럽 사치품의 생산기지였던 프랑스가 수준 높은 수공예품을 생산할 수 있었던 것은 아카데미에 의해 수공예품 생산이 관리, 감독, 교육되었기 때문이다.

푸생에 의해 정립된 아카데미의 미술교육의 규범은 사회의 지배적 이데올로기인 절대적 형식주의에 의거해 고대미술부터, 라파엘, 볼로냐 학파들에 이르는 고전주의 미술이론을 근간으로 정립되었다. 이러한 미술규범으로 고대신화 속 인물, 전쟁의 영웅, 기독교 성인들이 등장하는 역사화를 가장 높이 평가하고 상대적으로 풍경화와 정물화를

---

48) 왕립조형아카데미는 루이 14세 집권 이후 프랑스 미술교육이 통제와 독점뿐 아니라 모든 예술 생산품을 관리 감독하는 기관으로 프랑스 경제활동의 연장선에서 미술교육기관 이상의 역할을 하였다.

낮게 취급하는 주제에 따른 작품서열이 정해졌다. 당시 역사화를 우월하게 여긴 것은 정물화와 풍경화가 자연을 모방한 것에 불과한 반면 역사화는 인간의 고귀한 '정신'을 가르친다는 인식에서 비롯되었다. 이러한 푸생의 이론은 다음 세기로 이어져 18세기 프랑스 계몽주의 사상과 결합되어 미술교육이 도덕적 품성을 기를 수 있다는 근거로 작용된다. 18세기 말 프랑스의 절대왕권이 무너지면서 권위를 잃은 아카데미는 교육대상에 따라 분화된다. 순수미술을 배우는 예술가들은 아카데미의 획일적인 규범을 거부하고 아틀리에로, 직업교육을 받을 노동자는 실용미술을 위한 전문디자인 교육기관으로, 학생들은 학교에서 미술교육을 받게 된다. 반면 아카데미에서 체계화되고 실행되었던 드로잉 교육은 모더니즘 이전 사실주의라는 미술교육의 주요 방법론으로 활용되었다.

18세기 말 영국의 산업혁명이 유럽으로 점차 확대되고 산업화·도시화가 진행되자 프랑스 아카데미를 모방한 미술전문 교육기관들이 설립되었다.[49) 이 시기의 미술전문학교는 산업현장의 전문가를 양성하기 위한 목적으로 설립된 것으로 각 나라의 교육목표에 따라 '공예학교', '직업학교', '디자인학교' 등에서 전문가교육이 이루어졌다.[50)

---

49) 페브스너에 의하면, 1720년까지 유럽 전체에 피렌체, 로마, 베로나, 밀라노, 그리고 빈을 포함하여 19개의 아카데미가 있었으나 1740년에 이르러 성피터스버그(1724), 투루스(1726), 에딘버러(1729)에 있는 아카데미를 포함하여 6개의 아카데미가 설립되었다. 그리고 아메리카 대륙에서도 1791년 필라델피아, 1785년 멕시코에 아카데미가 설립되었다.

50) 프랑스는 절대왕정 이후 해체된 아카데미 회원들을 중심으로 지역산업체에 필요한 장식 미술학교를 설립하여 산업디자이너 양성을 시작해 1830년도에 이르러 프랑스는 장식 미술학교가 80개 이상 운영되었다. 영국은 정부의 디자인 장려를 정책적으로 실시하여 1836년 미술관과 미술전문학교가 결합된 형태의 전문교육기관을 설립한다. 영국의 사우스켄싱턴 미술관학교(South Kensington Museum School)는 미술과 산업과 관련된 수업뿐 아니라 학교 미술교육을 위해 드로잉 교사와 디자인 교사를 양성하는 프로그램도 실시했다. 독일은 초기 종합기초전문학교(Gewerbeschulen)로 설립했으나 이후 미술과 공예학교(Kunstgewerbeschulen)로 명칭을 바꾼다. 독일의 공예학교는 이후 바우하우스에 의해 미술교육의 새로운 방향을 제시하게 된다. 미국은 1807년 펜실베이니아 예술원(Pensylvania Academy of Fine Art)이 설립되어 산업디자이너 양성을 위한 교육이 실시되었다. Efland A. D.(1989), pp.81~94.

산업혁명, 절대왕정의 붕괴와 시민사회의 등장, 낭만주의에 기반을 둔 문화혁명 등으로 19세기에 이르러 사람들의 세계관은 과거에 비해 현실적으로 변화되었다. 이러한 시민의식의 변화와 사회체제가 급변하자 새로운 사회질서를 유지하기 위한 교육개혁이 이루어지게 되고 교육개혁의 일환으로 미술교육은 공교육의 교과과정에 도입되었다. 19세기 초기 드로잉 교육은 인지능력을 향상시켜 준다는 측면에서 시작되어 19세기 후반에는 도덕적 품성을 고양시킬 수 있다는 관점으로 전개된다. 드로잉 교육체계는 페스탈로치(J. H. Pestalozzi) 학교에서 처음 도입되었다. 여기서는 단순한 기하도형인 직선과 곡선, 각, 평면도형 및 입체도형, 간단한 장식으로 하는 일련의 선 연습으로 알파벳을 숙달하는 수단으로 국한시켰다. 드로잉 수업의 이론적 근거는 드로잉과 쓰기 행위의 유사성 때문이었다. 드로잉이 학생들의 인지능력을 향상시켜준다는 교육적 측면이 강조되었다. 드로잉 수업은 '모방미학(mimetic aesthetics)'으로 미의 가치를 자연 혹은 자연의 지식을 반영하는 데에서 찾고 있다. 드로잉의 정확한 묘사력은 정확한 관찰력에서 비롯된 것이고 결국 관찰력의 계발은 인지 또는 지각작용을 향상시켜 학생들의 지성을 계발시킬 수 있다는 이론적 근거가 된 것이다.[51] 지성계발을 목적으로 하는 교육이론은 계몽주의 사상에 근거한 것이다. 계몽주의에서는 이성의 발달이 인간의 생활을 개선하고 행복을 가져오는 수단으로 보았다.

19세기 초 학교교육이 산업혁명을 지지하기 위해 실시되었던 반면 19세기 후반에는 산업혁명의 부정적인 측면, 즉 빈민층의 범죄, 매춘,

---

[51] Efland A. D.(1989), pp.70~74.

음주 등의 문제를 상쇄시키기 위한 것이었다. 당시 학교교육의 이론적 근거는 사회질서 규범을 공고히 하기 위한 도덕교육이었다. 미술이 도덕성을 높일 수 있는 분야로 간주된 것은 독일의 낭만주의 철학을 배경으로 한다. 낭만주의에서 미술의 본질은 '미(美)' 자체이며, 미의 본질은 감각에 호소하는 것으로, 미는 하나의 고상한 정신의 표현이기 때문에 심원한 도덕적 통찰력을 제공하는 근원으로 간주되었다. 낭만주의 관점을 토대로 러스킨(J. Ruskin)은 미술교육과 도덕성을 연관시켰다. 러스킨은 드로잉 교육의 지각훈련이 도덕성을 고양시킬 수 있다는 드로잉 교육의 이론체계를 세워 대학교육의 교양과목, 직업미술학교의 드로잉 프로그램, 공교육의 드로잉 교육의 이론과 방법론 모델을 제시하였다.

2. 모더니즘시대 미술교육

모더니즘시대 미술교육은 19세기 공교육에서 시작된 미술교육이 사회 문화적 조건과 교육이론들과의 관계 속에서 패러다임을 형성해 왔다. 모더니즘시기 미술교육을 분류하는 관점은 학자들마다 차이가 있지만 일반적으로 표현 중심, 창의성 중심, 미술교과 중심의 관점에서 구분하고 있다.

산업화를 사회발전의 동력으로 삼고 있던 20세기 초 미술교육은 사회적 효율성을 가진 학문으로 활용되어야 하는 측면에서 표현 중심의 관점에서 미술교육이 강조되었다. 모더니즘 미술의 형식주의 미학에 기초한 표현 중심 미술교육은 미술작품의 가치기준과 교육목표를 조형적 요소에 둠으로써 산업 생산품의 기능과 디자인을 담당하게 된다.

19세기 성행되었던 산업미술은 모더니즘시대로 넘어와 바우하우스를 통해 새로운 디자인교육의 가능성을 열게 된다. 학교교육은 드로잉 교육에서 벗어나 감상, 디자인, 공예 등이 교육과정에 포함되고, 산업교육은 미술교육과 직업교육으로 분리되었다. 20세기 디자인과 디자인교육의 새로운 장을 마련한 바우하우스는 1919년

● 월터 그로피우스, 1883~1969

독일에서 시작되었다. 바우하우스는 19세기 산업디자인에서 강조되어 왔던 미술과 공업과의 연관성을 순수미술, 디자인, 공예 등 모든 시각예술 분야를 통합한 종합예술의 실현을 목표로 설립되었다.

바우하우스의 교수법과 교육이념을 체계화한 그로피우스(W. Gropius)는 기존의 아카데미 미술교육이 산업디자인 발전에 도움을 주지 못한다는 입장에서 출발하여 대중의 삶과 관련성을 강조한 미술교육 이념을 내세웠다. 그의 주장은 순수미술과 응용미술의 구별 없이 실용성과 예술이 결합한 종합미술을 통해 보다 창조적인 인간의 삶을 목표로 한 것이었다. 예술과 기술의 조화를 강조하는 바우하우스 교육은 기초적인 조형감각과 사고력 훈련을 통해 미적인 품질향상과 기술적인 노련함을 겸비한 창조적인 디자이너 양성에 두고 있었다.

바우하우스 미술교육은 실기와 이론교육을 병행하는 것이 특징이며 실기교육은 두 단계로 나누어진다. 첫 단계는 조각, 목수, 금속, 도기제조, 스테인드글라스, 벽화, 그리고 직조와 같은 분야에서부터 작업장의 교육과 공예를 포함하고 있다. 둘째 단계는 관찰과 자연학습, 그리고 물질분석을 포함하는 형태문제에 관한 교육이다. 묘사적 기하

● 바우하우스

학, 건설기술, 평면 드로잉, 모델 구축이 포함되었다. 바우하우스 교육의 미학적 원리는 미술에서의 형식적 질서인 구성과 배치, 배합을 통한 화면조화를 강조하였다. 이러한 미적 규범은 당시 모더니즘 미술의 형식주의 미학과의 연장선에서 이루어진 것이다.[52]

바우하우스는 1932년 나치에 의해 폐교되기까지 19세기 산업디자인의 한계를 뛰어넘어 20세기 디자인교육의 이론과 방법론을 제시했다. 바우하우스 교수법은 제2차 세계대전 이후 미국에 정착한 바우하우스의 전직 교원들에 의해 미국으로 전해져 산업디자인, 건축, 공예교육뿐만 아니라 학교교육의 실기 프로그램에도 많은 영향을 주었다. 양차 세계대전으로 미술의 중심지가 미국으로 이동하자 미술교육의

---

52) 안상미(1998), "유럽의 근대교육이 바우하우스 미술교육에 미친 영향 연구: 19세기 유럽(영국, 프랑스, 독일, 미국)의 사상과 교육을 중심으로", 이화여자대학교 교육대학원: 미술교육전공, pp.51~56.

흐름도 미국이 주도하게 되었다. 모더니즘시대 미국의 미술교육은 미국 사회의 진보주의 교육에 편승하여 표현 중심 미술교육은 '재건주의 미술교육'으로 나아간다. 모더니즘시대 미국을 중심으로 전개된 미술

• 바우하우스(1919~1925), 금속 디자인 워크숍

교육은 대공황 이후 사회재건을 위한 재건주의 미술교육과 표현주의 미학을 배경으로 성립된 창의성 중심 미술교육, 그리고 모더니즘 후반 창의성 중심 미술교육의 극단적인 주관성에 대한 대안으로 미술교과 중심의 DBAE(Discipline-Based Art Education) 순으로 나아간다. 모더니즘시대 초기 공교육에서 미술교육의 목표는 미적 취향을 고양시킴으로써 대중의 삶의 질을 높이는 데 있었다. 20세기 양차 세계대전과 1929년 대공황으로 미국은 교육위기를 맞게 되었다. 1933년까지 미국 내 2,000여 개의 학교가 경제적 이유로 폐교되었다. 교육에 대한 예산이 삭감되면서 교육과정에서 미술교육이 축소되자 미술교육을 교과과정에 포함시켜야 할 당위성이 제시되어야 했다. 위대한 미술작품 감상의 미술교육은 당시 학교교육에서 존재감을 갖지 못했다. 삶에서 격리된 미술이 아니라 인간활동의 필수영역으로서 강조되어야 했다. 이러한 사회적 분위기 속에서 사회재건이라는 보다 분명한 사회적 목표로 삶과 예술이 통합된 형태로 나아가자는 진보주의 미술교육의 목표가 세워진다.

듀이(J. Dewey)의 실용주의 사상에서 출발한 진보주의 미술교육은 1930년대 미국의 대공황기를 극복하기 위한 사회재건을 목적으로 대

두한 것이다. 진보주의 미술교육은 미술이 가지는 정신적이고 이상적인 가치보다 현실적이고 실용적인 가치를 강조하였다. 초기 미술교육이 산업생산에 초점이 맞추어져 있었던 반면 미국에서는 일상생활의 문제해결을 위해 미술이 목적이 아닌 수단으로 간주된 것이다. 미술교육에 대한 도구주의 관점은 교육학자인 듀이의 실용주의(pragmtism)이론53)을 토대로 한다. 듀이는 미술교육을 통한 미적 경험을 모든 인간 삶의 경험을 통합하여 미래를 발전시키려는 하나의 자원이 되는 것으로 인식했다. 진보주의 미술교육학자인 해거티(D. Haggerty)는 미술교육이 창조적인 예술가를 만든다는 좁은 의미의 목표에서 벗어나야 된다는 관점에서 인간 삶에 있어 미술은 생활과 밀접한 관련이 있어 왔다고 주장했다. 또 다른 재건주의 미술교육학자인 윈슬로우(L. Winslow)는 미술은 인간행동의 본질적인 부분으로 미술은 삶에 없어서는 안 될 양상으로 간주하며 미술은 역사, 지리, 사회, 국어 등과 관련되어 교육되어야 한다고 주장했다. 이렇듯 진보주의 미술교육학자들은 미술과 삶의 긴밀한 연관성을 주장했다. 진보주의 미술교육은 미술을 생활과 관련시키면서 광고, 판매를 위한 상품전시, 상점 유리문에 옷 입히기, 옷과 슈트의 진열, 상품 포장디자인, 잡지의 도판 등을 교육과정에 포함시켜 일상생활과 직업에 실제적으로 적용될 수

---

53) 영국의 경험주의를 토대로 생활과의 관련 속에서 사상을 생각하는 미국적 철학이다. 19세기 말 퍼스(C. S. Peirce)가 행위를 의미하는 그리스어 '프라그마(pragma)'에서 만들어내 프래그머티즘의 이론적 체계를 마련하고, 제임스(W. James)에 의해 대중화되었으며 듀이에 의해서 확고한 철학적 위치를 확보하였다. 이들의 주장은 실생활에 유용한 지식과 실용성이 있는 이론만이 진리로서의 가치가 있는 것이다. 프래그머티즘은 경험을 환경과 유기체의 상호작용 과정으로 보고, 의식과 이성 등은 이러한 경험과정에서 생겨나는 것으로 이해한다. 또 절대적, 선험적 원리, 불변의 자연법칙을 거부하고 상대적인 것, 경험적 원리, 지속적인 변화를 강조한다. 따라서 모든 지식과 진리, 신념은 일시적인 것이며, 그러므로 끊임없는 반성과 실험이 요구된다고 보았다. 프래그머티즘에서는 교육을 생활에서 접하게 되는 다양한 문제를 해결하기 위한 경험의 재구성 과정이라고 이해했다. 프래그머티즘 교육은 생명을 사회적으로 지속시켜 주는 활동 자체로 본다. 정찬익 외(1998), 『교육의 역사와 철학의 이해』, 백산, pp.24~47.

있는 미술에 초점이 맞추어졌다. 일상생활에서 좋은 디자인을 개발하여 미술을 생활에 좀 더 근접시키기 위해 여러 교과를 연계한 통합학문이 기획되기도 하였다.54) 진보주의 미술교육은 '미' 자체를 위한 교육원칙의 중요성을 강조하던 시기에 미술을 사회적 생산을 위한 교육적 목표를 설정함으로써 미술과 생활이 접목되는 실용적 학문의 가능성을 제시하였다.

진보주의 교육운동은 역설적이게도 1930년대 대공황이 극복되고 초기의 민주적 교육이념이 퇴색되자 중산층의 이해에 부응하는 사립학교와 교육형태 변화과정에서 사라졌다.55)

대공황이 끝나고 사회적 안정이 이루어지자 새롭게 등장한 창의성 중심 미술교육은 '창조적 자아표현'으로 나아가게 된다. 사실주의와 대비적으로 논의되는 창의성 중심 미술교육은 국가나 정치 또는 종교적 문제에서 독립하여 '순수하게' 미술을 구성하는 요소와 인간의 근본적 문제만 다루어야 한다는 표현주의 미술이념에서 영향을 받았다.

카메라가 등장한 후 예술가들은 현실의 사실적 묘사보다는 보이지 않는 내면의 세계를 선회하며 자신만의 '개성'을 표현하는 것을 중요하게 여기게 되었다. 20세기에 이르러 예술가들의 시선은 현실보다는 개인의 내면세계, 개성, 느낌, 생각을 바라보는 표현주의 예술을 구축하였다. 무엇보다도 표현주의 미술은 20세기 초 프로이드 이론에 강한 영향을 받은 것으로 이성의 구속에서 탈피하여 지각적인 사회제도의 억압에서 벗어난 창조적 자아표현을 강조했다. 이러한 맥락에서

---

54) 박정애(2003), "존 듀이의 실용주의 전통: 일상생활에서의 미술과 생활 중심 학습", 『미술과 교육』, Vol.4. pp.79~95.

55) 미국 내 보수진영이 패권을 장악하게 되면서 모더니즘 미술과 함께 부흥하기 시작한 표현주의 미술에 밀려나고 1955년 진보주의 교육협회의 해체와 1957년 『진보교육』 학술지의 폐간으로 사라지게 된다.

창의성 중심 미술교육은 감성과 창의성 개발을 주요 목표로 삼게 된 것이다. 아울러 당시 활발하게 전개되었던 인본주의도 미술계의 경향을 바꾸는 이론적 배경으로 작용하였다. 당시 인본주의는 모든 사람들이 저마다의 개성이나 능력을 가지고 태어난다는 모더니즘의 근간으로 해석된 사상이다. 인간의 타고난 잠재적 개성과 능력에 대한 믿음이 개인주의를 진작시킨다는 관점에서 창의성 중심 미술교육은 구체화된 개인과 개성을 강조하였다. 따라서 개인의 개성, 창의력, 독창성이 창의성 중심 미술교육에서는 중요한 가치로 인정되었다.

창의성 중심 미술교육은 이미 19세기 말 사실적인 묘사력을 기르기 위한 아카데미즘의 체계적이고 단계적인 교육방식을 부정하고 자기표현 중심의 학습자 중심 교육으로 전환하게 되었다. 창의성 중심 미술교육은 아방가르드의 시각에서 어린이 미술을 관찰하였던 치첵 (F. Zichec)에 의해 이론적 토대가 마련되었다. 이후 그의 미술교육 개념과 교수법의 상당 부분이 그의 제자였던 로웬필드(V. Lowenfeld)에게 전수되어 표현주의 미술교육으로 구체화되었다. 로웬필드는 치첵의 이론을 받아들이면서도 그가 활동하던 20세기 중반에 성행하였던 발달심리학 등 심리학의 제반 요소들을 수용하여 어린이의 표현 발달단계를 체계화하였다. 나아가 로웬필드는 프로이트의 무의식 이론을 토대로 미술을 통해 어린이들의 내면을 표현하고 정서를 순화하여 인성계발에 도움을 줄 수 있다고 주장하였다. 결국 이 같은 주장은 미술이 인간교육을 도모할 수 있는 주장으로 이어졌고, 그 주장은 학교교육에서의 미술의 위치를 정당화하였다. 창의성 중심 미술교육은 기존의 성인 중심 교육에서 마음 내면의 정서, 기억, 상상, 경험과 인상을 표현한 아동 중심 교육으로의 전환을 하게 하였다. 이후 어린이 미술도 이제 그 자체로서 가치가 있고 평가가 가능한 하나의 미술 형태가 될 수 있다는 근거를 마련하였다. 개인 특히 어린이의 창의력 향상을 도모하려는 창의성 중심 교육은 어린이의 예술적 재능이 선천적으로 타고난 것이라는 믿음으로 나아가 모더니즘 미술의 '천재'라는 개념과 연결되었다. 따라서 창의성 중심 미술의 관점에서 미술 작품의 평가기준은 '독창성'을 높은 가치에 두게 되었다.56)

창의성 중심 미술교육은 20세기 전반 미국 미술교육을 이끌어왔으나 1950년대에 이르러 창의성 중심 미술교육의 관대한 교수법에 대한 비판이 제기되고 있었다. 특히 1957년 소련의 인공위성인 스푸트니크호 발사가 성공하자 냉전체제의 압박에 있던 미국은 과학기술이 뒤떨어진 원인을 교육의 반지성주의 탓으로 돌렸다. 이후 연방정부의 주도하에 교육과정 개편이 이루어진다.

기성교육이 비판을 받게 되자 창의성 중심 미술교육에 대한 이의도 제기되었다. 1960년 교육학자인 브루너(J. Bruner)에 의해 과학이나 수학과 같이 체계적인 지식의 원리를 익히는 교육과정으로 개편되었다. 그리고 1962년 바아칸(M. Barkan)은 체계적이고 구조적인 미술학습의 원리를 도입한 DBAE(학과에 기초한 미술교육: Discipline-Based Art Education)57)을 제시하였다.

바아칸은 실기 위주 교육의 문제를 미술비평과 미술사라는 이론적 학문을 대입함으로써 해결될 수 있다고 주장하였다. 이러한 주장은 1960년대부터 1980년대에 이르기까지 아이스너(E. W. Eisner)와 그리어(D. Greer)의 이론을 축으로 활발히 논의되어 왔다.58) DBAE는 과

---

56) 박정애(2008), 『포스트모더니즘 미술, 미술교육론』, 시공사, 2001. pp.18~38.

57) 이하 학과에 기초한 미술교육은 DBAE로 표기한다.

학과 같은 학문적 체계를 갖추기 위해 실기 중심 미술교육에서 실기, 미술비평, 미술사, 미학에 기초하여 미술교육의 원리를 습득하는 교육과정으로 개편하는 것이다. 표현주의 미술교육에서 강조되었던 자기표현의 실기교육에서 벗어나 계획된 지식에 입각한 학습훈련으로 미술교육은 변화되었다. DBAE에서 미술교육의 본질은 자기표현이 아니라 역사와 문화 속에서 미술사의 흐름을 이해하는 감상교육을 통해 미술과 사회의 상호작용을 역사적으로 검토하고 그 관계를 이해하는 것이었다. 궁극적으로 DBAE는 미술문화를 이해시킴으로써 시각적 문해력(Visual Literacy)을 기르는 데 목적을 두고 있었다. 하지만 학문적 지식의 기준설정에서 DBAE는 이미 모더니즘적 사고로 구축된 지식을 학습한다는 점에서 그 한계를 지닌 채 출발하였다. 특히 유럽과 미국 중심의 미술사 교육은 문화제국주의 의식을 형성하게 하는 역기능적인 문제로 인해 이미 1980년대부터 신미술사를 통해 미술의 역사를 다양한 관점에서 조망해야 한다는 연구결과들이 나왔다. 무엇보다 형식주의 미학을 토대로 한 모더니즘 미술사의 조형적 요소의 특성을 미술의 본질로 파악하는 것이 한계였다. 형식주의적 접근은 순수한 감상용 미술 외에 조형적 특성에 한정되지 않은 또 다른 미적 가치를 지닌 민속미술, 상업미술, 산업미술 등의 가치를 낮게 평가하기 때문이다. 결국 미술의 다양한 기능과 역할을 포함한 미술의 문화적 이해를 도모하지 못하는 것이다. 이러한 측면에서 DBAE는 학문의 영역화와 세분화라는 모더니즘 이념에 입각하여 시대성의 한계를 지니고 있었다.[59]

---

58) 임정기・이성도・김황기(2006), 『미술교육의 이해와 방법』, 예경, pp.72~78.

59) 박정애(2008), pp.104~115.

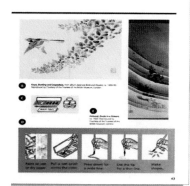

• DBAE에 기초한 교사용 지도서 구성요소

1980년 미국의 게티(P. Getty)재단의 후원으로 다시 조명을 받은 DBAE는 시기적으로는 포스트모더니즘시대에 속하나 모더니즘의 맥락에서 이루어지므로 모더니즘시대 미술교육의 연속체로 간주될 수 있다. 모더니즘시대 미술교육의 흐름은 미국이 주도해나갔다. 미국 사회 재건을 위한 재건주의 미술교육은 공익성과 실용성을 강조하였고, 자율적 표현(감성 중심)을 강조했던 표현주의 미술교육은 개인의 창조성 개발에, 사회발전을 위한 학문성(지성 중심)을 강조한 DBAE는 인재양성에 초점을 두고 전개되었다.

3. 포스트모더니즘시대 미술교육

포스트모더니즘시대의 문화적 담론과 교육에 대한 인식론적 변화는 모더니즘에 반(反)하는 탈모더니즘 문화적 과정에서 새로운 포스트모더니즘 미술교육이 성립된다. 1980년대 문화적 현상인 탈모더니즘적 현상은 문화적 정당성에 대한 전 지구적 재분배, 탈영역화와 탈중심화 등의 변화들을 반영하고 있다. 탈모더니즘적 사고에 입각한 문화적 정당성에 관한 인식은 교육에도 영향을 끼쳐 진보에 기반을 둔 교육이념과 목표설정에 변화를 가져왔다. 무엇보다도 모더니즘 미술에서 포스트모더니즘 미술로의 전환으로 기존 미술교육의 진리와 지식이 더 이상 존재 기반이 되지 못하게 된다.

한편으로 인문학을 중심으로 고정불변의 진리가 해체되자 지식은 보편적인 것 대신 개별적인 것으로 인식되었고, 교육에서도 지식은 다른 것과 차별화되고 구별되며 새롭게 창조되어야 한다는 상대성 개념이 강화되었다. 산업사회에서 세계화·정보화 사회로 나아가게 되면서 교육계에서는 다원화된 사회에 유연하게 대처하는 새로운 인재교육이 이루어져야 한다는 주장이 제기되었다. 그에 따른 절대적·객관적 기준 대신에 다원화된 사회가 요구하는 상대적·주관적 사고가 강조되었다. 상대성 개념을 강조하는 포스트모더니즘의 다원주의 사고는 교육에도 영향을 미쳐, 교육 또한 지식의 절대적 기준에서 벗어나 주관적 사고에 대한 것으로 관심이 전환되었다.

다원주의적 관점의 미술교육은 1999년 미국 국립미술교육협회(NANE, National Art Education Association)에서 "미술교육은 지구촌을 이해시키는 것을 의미한다(Art education means global understanding)"

는 목표를 제시함으로써 공식 표명되었다. 최근 국제미술교육학회(InSEA, International society for education through art)에 '환경문제', '환경미술', '다문화교육'이라든지, '비교문화 학습'과 '문화 간 학습', '미술을 통한 정체성 구축'등의 주제들이 발표되었다. 다원주의 관점인 포스트모더니즘 미술은 기존의 모더니즘의 절대적 가치관을 정복하고 작품에 접근할 수 있는 다양한 해석적 관점을 제시하였다. 그러한 맥을 같이하여 미술교육도 모더니즘 미술의 가치기준에서 주변화되거나 소외되어 왔던 것들을 수용하면서 기존의 교육적 한계를 인식하고 학제적 통합의 확대로 나아가게 된다. 포스트모더니즘 미술교육은 포스트모더니즘이라는 문화현상을 이해하기 위한 기호학, 인류학, 사회학, 후기구조주의, 문화비평 등의 연구방법들과의 관계에서 교수법과 내용이 구성된다. 포스트모더니즘시대 미술교육은 모더니즘 미술교육에서 추구했던 교육자 중심의 객관적이고 구조화된 지식습득을 지양하고, 학습자 중심의 주관적 사고를 강조하게 된다. 학습자의 주관성 강조는 다원주의적의 연장선에서 이루어진 것으로 포스트모더니즘 미술교육의 화두는 학생들의 주관성에 입각한 '의미 만들기(meaning making)'를 통한 삶의 이해와 나아가 현실에 대한 올바른 사고의 정립이었다.

포스트모더니즘시대 미술교육은 '구성주의(constructivism)' 교육이론과 VCAE(시각문화 미술교육: Visual Cultural Art Education)[60]을 중심으로 '의미 만들기'라는 미술교육의 목표로 다양한 학제적 연계를 통한 미술교육들이 등장한다. 구성주의 교육이론은 기존의 '지식'의

---

60) 이하 시각문화 미술교육은 VCAE로 표기한다.

개념에서 벗어나 주관성에 근거한 새로운 '지식형성 과정'의 개념으로 대치된 것이다. 학습의 결과물인 획득된 지식은 객관적 지식이 아닌 학습자의 능동적인 참여(학습자의 사전지식과 입력된 정보의 결합)에 의해 새롭게 구성된다는 것이다. 구성주의 이론에 근거한 지식의 의미는 자기중심적으로 형성될 뿐만 아니라 사회환경에 따라 다르게 형성된다는 것이다. 더 나아가 지식이 매우 합리적으로 개인 내에서 창출된다는 입장이다. 결과적으로 구성주의 이론에 의하면 학습자의 주관성은 학습자의 경험에서 비롯된 것임에 경험이 다른 두 학습자는 똑같은 정보에 노출되어도 똑같은 지식을 가질 수 없다는 결론을 얻게 된다.61) 구성주의의 다양한 결론은 다양한 관점을 인정하는 것으로 주입식 교육의 획일화된 결론의 대안이 되는 것이다.

글레이서스펠드(V. Glasersfeld)는 구성주의의 인식론적 구조이론의 기원을 철학자 비코(G. Vico)에 두었다. "인간은 오직 자신이 구성한 내용에 대해서만 기억한다고 할 수 있다"라고 언급한 비코의 사상적 맥락에서 듀이가 주장한 "학습자들은 자신들에게 의미 있고 그들에게 중요한 경험을 제공하는 상황에서 지식과 아이디어가 창출된다"는 의미를 결합한 것이다. 여기서 구성주의 교육은 학습자의 사전지식과 경험이 새로운 지식의 의미부여나 구성에 관여하는 내적 과정의 중요성을 강조했다.

구성주의 미술교육은 인식론적 관점에 따라 피아제(Piaget)를 중심으로 한 전통적 구성주의와 신구성주의로 나누어진다. 전통적 구성주

---

61) 이것은 듀이(J. Dewey)가 『경험과 교육』에서 '새로운 학교교육의 기본원칙은 학습자가 이미 가지고 있는 경험과 함께 이루어져야 한다'고 강조하면서 학습자의 사전지식과 경험이 새로운 지식의 의미부여나 구성에 관여하는 내적 과정을 주장한 것과 일치한다.

의는 개인적 사고와 의미창조를 강조하였고, 신구성주의는 사회적인 맥락에서의 지식형성을 강조하였다. 지식생성이 개인적으로 일어나느냐 혹은 사회적으로 일어나느냐를 떠나서 구성주의의 전반적인 견해를 보면 다음 3가지로 정리될 수 있다.

첫째, 지식은 기존경험으로부터 개개인의 생각 속에서 구성된다.

둘째, 지식구성은 자신이 속한 사회의 구성원들에 의해 영향을 받는다.

셋째, 지식은 역동적이며, 개인적, 사회적, 합리적으로 창출된다.[62]

구성주의 미술교육의 궁극적인 목표는 학습자와 교육자 간의 상호작용을 통한 미적 체험으로 미적 감각을 키우고 동시에 학습자를 둘러싸고 있는 환경이나 사회에 대한 열린 마음을 갖게 하는 데 있다는 것이다.[63] '지식은 사전경험을 바탕으로 개인이 구성한다'는 구성주의 이론을 기반으로 하는 구성주의 미술교육은 학습자 중심의 미술학습,[64] 사고과정을 중시하는 미술학습,[65] 실제적 경험과 관련된 미술학습,[66] 상호작용을 통한 미술학습,[67] 통합적 접근을 통한 미술학습[68]을 내용으로 하는 교육방법이 개발되었다.[69] 최근 등장한 VCAE

---

[62] T. F. Catherine(2001), *Constructivism: Theory Perspectives and Practice*, 조부경 외 옮김, 『구성주의 이론 관점 그리고 실제』, 양서원, pp.274~275.

[63] 류재만(2001), 「구성주의 미술교육의 이론정립을 위한 기초연구」, 『서양미술교육논총』, 한국미술교과교육학회, 8호, p.47.

[64] 구성주의 미술교육에서 학습자는 자신에게 의미 있는 미적 지식이나 미적 정보를 적극적으로 학습하는 의미의 능동적인 구성자이다. 따라서 학습은 학습자 중심으로 이루어지고 교사는 학습자가 주도적이고 자율적으로 미술학습을 할 수 있도록 도와주고 조언해주는 안내자의 역할을 담당하게 된다.

[65] 구성주의 미술교육에 있어 학습은 새로운 지식의 획득뿐 아니라 이미 알고 있는 것의 재구성 과정을 통해 새로운 인지구조를 만들어간다.

[66] 기존의 이론적, 사전적 지식에 기대어 학습을 진행하지 않고 현실세계와 구체화된 상황을 배경으로 학습자가 개입하여 기존의 맥락을 탈맥락화하는 과제를 실행한다.

[67] 구체적 상황에 기반을 둔 실제적 성격의 미술과제를 수행하기 위해서는 과제, 자원, 역할 등의 통합된 상호작용을 필요로 하게 된다. 이러한 상호작용을 통한 반성과정은 학습한 내용을 내면화하고, 새로운 시각에서 사물을 다차원적으로 접근할 수 있는 능력을 길러준다.

[68] 미술학습 활동은 큰 과제와 작은 과제를 연계시키고, 활동내용에 대한 다양한 표현이나 관점을 통합하여

는 현대의 시각문화에 대한 올바른 이미지 해독을 통한 미술교육이다. 사회가 문명화되어감에 따라 인간의 가치, 신념, 태도에서 생산된 산물들이 시각 중심으로 전개되어왔다는 측면에서 시각문화가 중심을 이루고 있는 문화 전반에 대한 비판적 사고를 기르고 사회에 필요한 문화를 생산 또는 재생산하는 능력을 기르는 것을 목표로 하였다.

VCAE가 태동한 배경에 대하여 프리드먼(Freedman)은 3가지로 나누어 설명하고 있다. 첫째, 미디어 발달, 미술과 미술교육 영역확장을 들 수 있다. 오늘날 사람들은 정보통신기술의 발달로 방대한 양의 시각적 이미지와 시각적 인공물의 환경 속에 살고 있다. 모든 학문 분야에서 지식과 정보들이 다양한 시각예술을 통해 제시되고 창조하고 활용하도록 가르치는 일은 매우 중요한 의미가 있다. 둘째, 형식주의에서 구성주의로의 이행이다. 샨(B. Shahn)은 오늘날 스타일이라는 것은 미적 시각과 일련의 의도에 의해서 개발된 자기 이유의 모습이라고 했다. 현대 미술가들은 어떻게 그리는가의 문제가 아니라 왜 그리는가의 문제에 집중함으로써 미술의 형식주의적 요소보다 상징적 이미지를 사용하여 다양하고 확장된 사회적 의미를 담아낸다. 즉 형식주의에서 구성주의로의 이행은 조형형식이나 기능 중심에서 벗어나 사회적 의미와 해석적 가치로의 변화를 의미하는 것이다. 셋째, 사회적 배경의 중요성을 인식한 것이다. 프리드먼에 의하면 사회적 배경이 제거된 회화는 캔버스 위의 이미지에 불과하다는 것이다. 미술이라는 것은 표면적 형태와 내용뿐 아니라 작가, 감상자, 연구자에 대한 텍스트이며, 작품과 감상자의 사회적 배경 둘 다 중요하다. 사회적

미적 개념이나 정보들의 상호관련성을 강조하게 된다.

69) 임소영(2002), "구성주의를 통한 미술과 교육과정 개선방향 연구", 한국교원대학교 대학원, pp.47~89.

배경은 문화, 국가, 지역, 기관, 학교 등과 미술작품이 만들어지고, 보여지고, 연구되는 사회 정치적 조건이 포함되어 있다.[70]

VCAE 교육과정은 미술과 학습자의 삶, 사회적 관계, 역사적이고 문화적인 조건을 고려한 읽기와 해석, 의미수용의 능력을 요구하기 때문에 사회·문화·역사적 배경의 학제적 과정이 된다. VCAE는 '보이는 시각'과 '바라보는 시각'에 대한 연구와 분석을 토대로 맥락주의, 다문화주의, 기호학, 학제적 통합 등과 같은 포스트모더니즘의 이론적 요소를 통합하여 미술교육의 영역을 더욱 확장시켰다. 이러한 다원주의적 관점에서 이루어진 VCAE의 교육과정은 방법론에 있어서 학생들의 주관적 다양성을 인정하는 학습자 중심을 지향하는 미술교육이다. 결과적으로 VCAE는 학습권의 권한부여와 비판적 사고를 통한 시각적 문해력 증진을 목표로 삼고 있는 것이다. 일반적으로 시각적 문해력은 무분별하게 쏟아지는 시각정보들을 선별하고 시각문화를 주체적으로 향유하는 능력을 말한다. 시각적 문해력을 가진 학습자는 비판적 사회이론을 바탕으로 자신의 입장에서 사회를 비판하고 판단하도록 할 뿐만 아니라 그들 자신의 입장도 비평의 대상으로 삼을 수 있다는 측면에서 자기성찰적 교육효과를 함의하고 있다. 포스트모더니즘 미술교육인 구성주의와 VCAE는 자신과 다양한 사회적 환경을 깨닫게 한다는 점에서 '의미 만들기'로서 미술교육을 실천하고 있다.

---

70) 정희숙(2009), "학과기초 미술교육과 시각문화 미술교육 비교분석 연구", 홍익대 교육대학원, pp.28~34.

PART 02

미술관
교육의 역사

서론

　미술관 교육의 역사는 공공미술관의 역사와 그 궤를 같이해오면서 교육학이나 사회, 경제와 같은 외부적 요소들과 연계되면서 변화되어 왔다. 1793년 루브르미술관이 공공성을 가진 사회·교육적 기관의 의미를 갖게 되자 미술관에서의 교육은 현재까지 시각교육의 제도적 측면에서 전개되어 왔다고 해도 과언은 아니다. 미술관 교육이 일반적인 시각교육과의 차이점은 실제 작품과 견본으로 학습과 교육이 이루어지는 실물교육을 원칙으로 한다는 점이다. 실물교육이라는 미술관 교육의 원칙이 성립된 배경은 근대적 미술관이 성립되기 전 이미 르네상스시대에서 비롯되었다. 실물교육은 중세시대의 신 중심적 사고에서 벗어나 인간의 '이성 중심'적 사고가 생겨나면서 지식을 신의 뜻이 아닌 실제 사물을 통해 인식되는 사고과정으로 인식하게 됨

• 새뮤얼 모스, 루브르미술관의 갤러리에 전시된 작품을 모사하고 있는 화가 지망생들을 묘사한 작품, 1791∼1872

으로써 가능해진 것이다. 지식에 대한 인식론적 사고가 발현된 르네
상스 이후 학자들은 실제 대상연구를 통해 증명되지 않은 것은 학문
으로 인정하지 않는 풍토가 마련되기도 했다. 이러한 실물교육의 이
론적 근거는 아퀴나스의 '감각인식론'에서 출발한다. '감각인식론'은
학습자가 자신의 감각기관을 통해 실물(object)에 내재된 다양한 자료
들을 받아들이고, 그 자료를 다시 사전지식과 경험을 접목, 비교하여
지식을 형성한다는 것이다.[1] 이러한 관점에서 미술관의 수집품은 완
전한 지식구조를 구현할 수 있는 대상이 될 수 있었다. 미술관 수집
품(실물)을 통한 학습으로 지식을 함양하거나 학문적 단계에 도달할
수 있다는 것이 미술관 교육의 철학적 기반이 된 것이다.[2]

1) Hooper-Greenhill E.(1999), pp.26∼28.

감각인식론에 근거한 실물교육의 특징은 정보나 지식습득을 위한 학습효과가 뛰어나다는 점에서 18세기 말 계몽주의적 맥락에서 루브르미술관 전시 관람의 교육적 이념을 성립시켰고, 19세기에는 미술관 학교가 설립되어 산업디자인 전문가 양성교육이 이루어졌다. 루브르미술관을 정치적 민주주의의 실현이라는 의도로 모든 계층의 국민들에게 개방하였다는 것은 미술관이 시민교육의 장이 되었다는 것과 동시에 예술교육의 민주화를 의미했다. 루브르미술관이 개방되기 전 예술교육은 아카데미에서 독점적으로 이루어졌고, 미술작품의 연구나 관람은 아카데미 회원에게만 부여된 특권이었다. 루브르미술관의 개방은 특수계층만이 전유했던 고대부터 당대 거장들의 작품을 대중에게 보여줌으로써 예술교육의 수혜자를 확대시키는 계기를 마련한 것이다. 루브르미술관 이후 공공기관으로 설립된 미술관들은 시민을 위한 문화교육의 장으로 기능했고, 19세기에서 20세기 초까지 서유럽과 미국 미술관들의 교육적 목적은 미술관의 공공성 측면에서 강조되었다.[3] 미술관 교육의 역사를 추적하고 연구한 후퍼그린힐(E. Hooper-Greenhill)은 루브르미술관이 19세기 학교 미술교육의 내용과 방법을 제시하고 공유함으로써 프랑스 교육제도의 한 부분으로 기능했다[4]는 것을 밝혔다.

19세기에 산업사회로 접어들면서 미술관들은 전문적인 미술교육

---

[2] Hooper-Greenhill E.(1999), *The Educational Role of the Museum*, Routledge, pp.230~231.

[3] 미술관의 공공성에 있어 교육은 어떤 측면을 우선시하는가에 따라 상이하게 이해될 수 있다. 즉 지역공동체 구성원의 이익이라는 관점을 우선시하는가, 아니면 국가의 문화유산을 위해 보호와 연구를 위한 관점이냐에 따른 것인데, 이러한 상이한 관점은 19세기 미술관의 기능에 관한 논쟁으로 이어졌다. Andrew M.(2006), A Breaf of the Art Museum Public, Andrew M. ed, *Art and Its Public: Museum Studies at the Millennium*, Blackwell Publishing, pp.5~8.

[4] Hooper-Greenhill, E.(1999), p.234.

기관의 역할을 하게 된다. 영국의 사우스켄싱턴미술관은 산업디자인 향상을 위해 미술관과 디자인학교가 결합된 미술관 학교를 설립하여 전문인력 교육을 실시하였다. 이후 사우스켄싱턴미술관은 19세기 중반 농업사회에서 산업사회로 이행되는 미국에서 학교를 대신한 전문 미술관 학교의 전형이 되었다. 19세기 산업화시대로의 이행과정에서 미술관이 산업인력을 위한 주요한 교육기관이었고 이 시기 미술관 교육의 영역도 대중교육에서 전문가교육으로 확대되었다. 미국은 19세기 말부터 20세기 초까지 산업화가 가속화되는 과정에서 산업품을 디자인할 디자이너 교육의 필요성이 제기되자 미술관을 교육기관으로 적극 활용하게 된다. 미국은 1870년부터 사회교육기관으로 미술관을 법제화[5]했었고 미술관을 부족한 교육제도의 대안으로 활용하였다. 20세기로 넘어오게 되면 미술관 교육에 대한 제도적 방안이나 미국의 재건적 사회 분위기에 의해 모더니즘시대 미술관 교육의 연구와 성과는 미국에서 축적된다. 산업디자인과 공예 인력양성을 해왔던 미술관 학교는 전문학교와 대학에서 직업과 관련된 교육과정이 설립되면서 산업인력 교육은 미술관 교육에서 분리된다. 대신 미술관 교육은 학교 미술교육에 주요한 영향력을 행사하게 된다.

일반적으로 미국의 미술관 교육의 철학은 젤러(Zeller)가 제시한 세 가지 범주에서 논의된다. 첫째, 미학적 임무로서 관람자의 미적 경험을 제공한다는 것, 둘째, 교육적 임무로서 관람자에 대한 이해와 더불어 대중교화를 중시한다는 것, 셋째, 사회적 임무로서 지역사회와 대

---

[5] 1870년도 이후 건립된 미국의 미술관들은 미술관의 '교육적' 임무를 설립허가서에 의무적으로 밝히도록 규정되었다. 이는 19세기 말부터 증가하고 있는 이민 인구들을 흡수할 수단으로써 '교육'이 강조된 것이고 미술관이 부족한 교육기관을 대체한다는 의미에서 국민들의 덕목과 문화적 민족주의를 가르치는 기관으로 인식되었다. 김형숙(2001), 『미술관과 소통』, 예경, p.48.

중에 대한 공공의 임무를 중시한다는 세 가지 관점이다.6)

미술관 교육의 미학적 임무는 작품의 가치체계를 조형적 측면과 맥락적 측면으로 나누었을 때 조형적 측면을 강조하고 있다. 이러한 미학적 입장에서는 미술관의 미술교육을 문화습득으로 간주하며, 문화습득을 통한 정신적, 도덕적 성장을 목표로 삼는다. 미술관 교육의 교육적 임무는 미술사와 학문을 토대로 한 미술관 교육을 강조하고 있다. 미학적 측면을 강조하는 모더니즘 이전의 교육과 달리 맥락적 측면을 강조하고 있다. 하지만 그러한 맥락적 관점은 역사주의로 재단된 미술사에 기반하고 있다. 마지막으로 미술관 교육의 사회적 임무는 미술관을 문화적 산물로 인식하는 데서 출발하여 교육적 임무에서 한 단계 더 나아간다. 미술관 교육이 미술을 통해 사회, 정치, 경제와의 관계성을 인식하고 사회기관으로서 대중의 일상적 삶을 환기시킨다는 데 목적을 두고 있다.7) 젤러가 제시한 미술관 교육의 철학은 개별 미술관마다 추구하는 임무와 목적, 시기에 따라 다르지만 보편적으로 이 3가지 범주에서 논의될 수 있다. 하지만 루브르미술관 이후 공공미술관의 역사가 200년을 지나오면서 미술관과 미술관 교육의 패러다임이 역사성이나 시대성과의 관계에서 변화되어 왔다는 측면에서 이 책은 미술관의 시대성을 조망하는 역사적 관점에서 미술관 교육을 다루고자 미술관 교육의 패러다임 변화에 초점을 맞춰 전개하고자 한다.

최근 미술관 교육학자들을 중심으로 미술관 교육에 대한 다양한

---

6) Zeller T.(1989), The Historical and Philosophical Foundations of Art Museum Education in America. in Mayer, S. & Berry, N.(eds), *Museum Education: History, Theory, and Pratice*, NAEA. pp.47~48.

7) Zeller, T.(1989), pp.29~40.

관점의 논의가 이루어져 미술관 교육에 관한 연구가 확대되고 있다. 특히 미술관의 다른 주요 기능인 수집, 보존, 연구, 전시에 비해 미술관 교육은 관람객 혹은 교육대상과 직접적인 소통이 이루어진다는 점에서 그 의의가 있다. 그러한 측면에서 이 책에서는 소통이론의 관점에서 미술관 교육을 교육주체, 교육대상, 교육프로그램 3가지 요소로 나누어 설명하고자 한다. 여기서 교육주체는 미술관 교육을 실행하는 미술관, 혹은 보다 구체적으로는 미술관의 교육담당자 에듀케이터(educator)를 의미한다. 교육대상은 다양한 관점과 이해를 가진 관람객, 혹은 구체적으로는 미술관 교육프로그램에 참여한 관람객을 의미한다. 교육대상은 교육목표에 따라 크게 일반인과 전문가로 범주화될 수 있다. 교육프로그램은 교육의 이론과 방법론으로 설명될 수 있다. 교육프로그램도 교육대상에 따라 크게 일반대중 교육프로그램과 전문가 교육프로그램으로 범주화할 수 있다. 미술관 교육을 구성하는 이들 3요소의 상호연관 속에서 미술관 교육의 패러다임을 파악할 수 있을 것이다.

제1장 | 모더니즘 이전의 미술관 교육

18세기 프랑스혁명 이후 시민사회와 함께 등장하게 된 공공미술관은 정치적·사회적 목적에 의해 교육기능이 강조되었다. 미술관 교육의 원칙이 실물학습(object-lesson)과 실물교육(object-teaching)이라는 관점에서 전시기능은 미술관 역사에 있어 인식론적 변화를 목표로 삼았고, 그러한 맥을 같이하여 근대 미술관에서 전시는 교육적 역할을 수행하게 된다. 물론 19세기에는 미술품의 유실과 파손의 문제 때문에 미술관의 공공적 가치를 문화유산의 수집과 보존에 두느냐 대중교화에 두느냐의 논란으로 미술관의 교육적 역할에 대한 위기가 있었으나 당시 계몽주의가 팽배해 있던 사회적 필요성에 의해 교육적 임무는 포기되지 않았다. 최초의 공공미술관으로 개방된 루브르미술관에서는 그 창립 의무로서 대중의식 향상이라는 교육적 기능을 전면에 내세웠다. 공공기관으로서 미술관이 담당해야 할 교육의 목표는 혁명 후 어수선한 사회적 분위기를 통합하는 것과 공화제라는 새로운 사회체제에 적합한 '시민의식 함양'을 통한 사회발전이었다. 이 것은 초기 미술관 교육이 전 국민을 대상으로 하는 '대중교육(popular instruction)'의 범주에서 출발했음을 의미한다.

루브르미술관이 내세웠던 '대중교육'은 두 가지 목적을 지니고 있었다. 첫째, 정치적 목적이다. 사회정치적 변혁기에 혁명정부가 지배계층의 전유물이었던 문화적 유산을 시민에게 공개함으로써 '시민사회의 승리'라는 상징적 의미를 시민들에게 가시화시키고, 혁명 이후 부르주아와 노동자들 간의 계급갈등을 문화적 동질감으로 해소시켜 '국민성 통합'을 이룩하려는 것이다. 둘째, '시민의식 성장'이라는 사회개선의 목표이다. 1789년 혁명 이후 급격한 정치적 변화에 비해 교육혜택을 받지 못한 시민들의 낮은 의식수준은 사회발전의 걸림돌로 작용하였다. 이들을 담당할 교육기관으로 공공미술관은 시민교육을 시킬 수 있는 적합한 장소였다. 과거 중세시대 교회의 벽화가 문맹자들을 위해 성경을 대신했듯이 계몽주의적 관점에서 미술관의 작품과 전시가 대중에게 교육적 역할을 수행하게 된 것이다. 미술관 교육의 목표는 사회질서를 유지할 수 있는 도덕적 의식을 갖춘 시민양성이었다. 이것은 당시 계몽주의적 사고에 기인한 것으로 사회발전을 위한 시민의식 성장 프로젝트였던 것이다. 한편으로 19세기 유럽 각국이 농업사회에서 산업사회로 전환되는 격동적인 사회 분위기는 미술관 교육의 방향에도 영향을 주었다. 사회에서 교육은 사회발전을 위한 수단으로 인식되었고 공공기관인 미술관의 교육방향도 사회적 요구를 따를 수밖에 없는 상황이었다. 19세기 산업화 과정에서 산업디자이너 양성과 훈련을 위한 '전문미술교육'이 요구되자 영국에서는 미술관과 전문미술학교가 결합된 미술관 학교를 설립하고 미술관 교육의 범위를 전문가 교육으로 확대되었다. 모더니즘 이전 미술관이 사회발전을 위해 대안적 교육기관으로 적극적으로 활용되면서 대중교육으로 시작된 미술관 교육은 전문가 교육으로 교육범위가 확장된다.

1. 교육주체

모더니즘 이전 미술관 교육은 근대 미술관이 탄생된 사회정치적 배경의 연장선에서 이루어지게 된다. 루브르미술관을 필두로 혁명의 세기였던 19세기 유럽 전역에 새롭게 탄생한 미술관은 혁명주체 세력의 정치적 성격과 목적에 따라야 하는 장소였다. 때문에 설립 초기부터 정치적 가치체계가 연루된 미술관에서 전시는 실물교육이라는 이론적 기반 위에 국민들의 사고체계를 전환시키는 대중교육으로 구현될 수 있었다. 미술작품이 단순한 시각적 대상물이 아닌 고귀한 정신적 산물로서 관람자에게 '지식'을 제공할 수 있다는 실물교육의 개념은 작품을 보여주는 '전시'만으로도 곧 교육될 수 있다는 등식을 성립시킨 것이다.

실무적인 측면에서 과거 패쇄적이었던 진열공간을 대중교육을 위한 '전시' 공간으로 구축하는 과정에 크게 기여한 것은 혁명가들의 역사관과 궤를 같이한 미술사와 18세기 새롭게 정의되는 미적 규범들이었다. 근대적 미술관의 내부적 규범을 질서 지은 미술사는 곧 미술관 교육의 교본인 셈이었다. 실물교육을 기반으로 전시가 교육적 형식을 가졌다면 18세기 새로운 학문인 미학과 미술사는 교육내용이라 할 수 있었다. 18세기부터 본격화된 철학적, 역사적 논의를 통해 미술은 고유한 목적과 의미 그리고 역사를 지닌 미술사라는 독립된 학문으로 자리 잡게 되었다. 최고의 예술작품이 소장된 미술관은 탄생 초기부터 미술사 연구의 토대 위에 미술관의 수집, 연구, 전시, 복원이 이루어졌다는 사실에서 미술사와의 공조관계에서 진행되었다. 미술관은 미술사의 역사주의적 관점에서 목록작성, 양식분류, 창작연대의 측정, 기법분석, 원작자의 규명, 전시기획 등을 수행했다는 측면에서 당시 교육주체의 실체는 미술사로 보는 것이 온당할 것이다. 그러한 관점에서 19세기 중반까지 미술관에서 교육을 담당하는 에듀케이터(museum educator)라는 용어는 등장하지 않았다.[8]

전시의 교육적 효과를 위해 루브르미술관은 19세기에는 전시된 각 작품들을 설명하는 몇 가지의 언어로 된 해설판과 카탈로그를 관람자에게 제공해 전시된 작품들의 주제나 기타 정보를 알 수 있도록 했다.[9] 공공미술관 이전 특수한 계층의 시각적 쾌락을 위한 공간이었던 갤러리에서는 감상자를 위한 교육이 따로 필요하지 않았다. 하지만 공공미술관은 지식이나 배움을 갖지 못한 대중들에게 미술품을 이해시키기 위한 장소로서 교육을 위한 보조적 요소들이 사용된 것이다. 19세기 유럽 사회가 본격적인 산업사회로 진입하게 되면서 미술관 교육은 전시나 전시를 설명하는 해설판 정도의 소극적인 교육 활동에서 벗어나 실무적인 교육을 실시하는 전문가 교육의 영역으로 확대된다. 산업화에 따른 산업인력교육의 필요성에 의해 미술관 교육은 전문인력 양성기관과 결합된 미술관 학교의 형태로 이루어진다. 1760년대 영국에서 시작된 산업혁명은 1800년경까지도 영국에 한정

---

8) L. Buffington(2007), "Six Themes in the History of Art Museum Education", Pat Villeneuve, editor, *From Periphery to Center: Art Museum Education in the 21st Century*, p.13.

9) K Hudson(1975), A *Social History of Museum: What the Visitors Thought*, Atlantic Highlands, Humanities Press, pp.41~42.

된 현상이었다. 그러나 1810년 프랑스로 1840년 독일로 이어지면서 19세기 후반 영국, 프랑스, 독일, 미국 등 주요국가에서 산업화가 이루어졌다. 19세기 산업화가 국가적 차원에서 진행되자 공공기관들도 산업발전을 위한 체제로 개편되고 그

● 사우스켄싱턴미술관 회화수업의 모습, 1870년

과정에서 미술관 교육도 산업발전을 위한 교육기관의 역할을 맡게 된다. 산업혁명 이전 물건들은 길드나 장인의 공방에서 이루어졌고 수공예 디자인은 도제교육을 통해 전수되고 발전되어왔다. 하지만 공방이 공장의 대량생산에 밀려나면서 수공예 교육은 산업디자인 교육으로 바뀌고 미술관 학교가 예술·공예 교육을 담당하게 된다.

미술관 교육을 산업디자인 교육의 영역으로 확대시킨 곳은 영국이었다. 영국은 산업혁명 이후 산업 생산품의 질과 생산성이 떨어지자 그 원인을 훈련된 디자이너의 부족과 미술교육의 문제로 인식했다. 이러한 해결방안으로 1857년 영국은 프랑스 예술교육을 착안하여 실물교육이 이루어질 수 있는 미술관과 미술학교를 결합한 사우스켄싱턴미술관을 설립하였다. 미술관 학교의 설립배경은 프랑스의 아카데미 교육에서 비롯된 것이다. 프랑스는 절대왕정시기부터 정교하고 수준 높은 예술 공예품을 유럽 각지로 수출한 유럽의 사치품 생산지로 유명했다. 이러한 프랑스 아카데미의 노하우는 공예를 비롯한 모든 예술품 교육이 실물교육을 원칙으로 한 드로잉 교육에 있었다. 사실상 사우스켄싱턴미술관 학교의 개관은 전문가 교육이라는 미술관 교

육의 영역을 확대시키는 계기가 된 것이다. 사우스켄싱턴미술관의 설립자이자인 콜(H. Cole)은 첫 보고서에서 미술관의 설립목적이 교육에 있고, 미술관의 교육적 의미와 범위는 산업적, 역사적, 과학적 연구를 보조하기 위해 문화와 미학을 제공하는 것이라 밝혔다.

> 사우스켄싱턴미술관은 컬렉션을 보존하기 위한 목적뿐만 아니라, 컬렉션에 관한 이해를 강화하기 위한 목적으로도 사용된다. 내 생각으로는 미술관과 갤러리들은 교육의 목적을 위해서 종사해야 한다. 이러한 목적을 외면하는 미술관과 갤러리라는 제도들은 무용지물의 기관이 된다.10)

사우스켄싱턴미술관은 미술관 설립목적의 전면에 미술관 교육의 실용성을 내세우고 있다. 당시 미술관은 교육적 효과를 위해 도서관, 강의시리즈, 미술관 야간개방, 다양한 카탈로그, 그리고 많은 안내책자들을 마련하였다. 산업사회에 맞춰 미술관 교육의 실용적 측면을 부각시킨 사우스켄싱턴미술관은 미술관 교육의 가능성을 확대시켰고 모더니즘시대 미술관 교육에서 교육대상과 목적에 따른 대중교육과 전문가 교육의 범주를 마련했다. 1870년대 이후 사회적 교육기관으로 교육적 기능을 강조했던 미국 미술관들은 저마다 실험적 교육프로그램을 만들고 실행했으나 결과는 부진했다. 그것은 교육프로그램의 결정권이 큐레이터와 미술교육위원회(모더니즘 이전은 에듀케이터라는 명칭이 사용되지 않았다)에게만 부여되어 있었기 때문이다.

---

10) P. Vergo ed(1989), *The New Museology*, Reaktion Book, p.7.

2. 교육대상

국민을 위한 공공기관이 된 루브르미술관이 전시를 교육으로 인식하고 실행함으로써 미술관 교육의 대상은 미술관을 방문하는 모든 관람객들이 된다. 하지만 '나폴레옹 미술관'의 예에서 보여주었듯, 미술관은 민주주의와 국가주의라는 두 개의 바퀴가 돌아가는 곳이었다. 미술관을 국민을 교육하는 실용적인 장소로 바라봄으로써 관람객은 교육을 받아야 할 수동적인 대상이 된다. 당시 무료로 개방된 미술관에 방문했던 관람객들은 그 계층이 실로 다양하였다. 대부분의 당시 루브르미술관에서는 관람객을 위해 전시된 작품들의 설명이 적힌 텍스트 패널들과 카탈로그들이 함께 진열됐고 작품들의 주제와 그 이외의 정보들을 제공했다[11]는 기록에서 당시 미술관을 방문했던 주요 관람객들은 작품에 대한 전문지식이나 교양은 갖추지 못했으나 글을 읽을 줄 하는 중산층 이상임을 알 수 있다. 미국의 19세기 미술관을 기록한 콜만은(Coleman, L. V) 19세기 미술관 교육의 계층은 중산층 이상의 성인들과 미술관 회원들, 또 그들의 자녀들을 포함한 부르주아 계층[12]이라 제시했다. 미술관이 내세웠던 대중의 범위에서 노동자 계층, 도시 하층민이나 장애인, 노약자들은 제외되어 있었다고 볼 수 있다. 19세기 미술관이 상정한 대중의 의미는 오늘날보다 그 범위가 좁았던 것이다.

무엇보다 미술관 운영에 있어 개관시간과 폐관시간이 노동자 계층

---

11) L. Buffington(2007), p.12.

12) L. V. Coleman(1939), *The Museum in America: A Critical Study*(Vol. 1), American Association of Museum, pp.146~152.

• 도미에, 1852년, 루브르미술관의 무료 관람일에 몰려
든 관람객들과 그들의 표정을 묘사하고 있는 작품

들이 참여할 수 없는 시스템이
었다. 루브르미술관은 화가들
의 모사활동이나 전문가들이
연구하는 장소로 관람객들에게
공개되었으나, 일반시민들에게
는 10일 중 2일간만 특별한 허
가를 받지 않고 전시를 관람할
수 있게 했다. 19세기 미국 메
트로폴리탄미술관은 오전 10시
에 문을 열어 오후 6시에 문을
닫았다. 일주일에 4번만 열고
일요일에는 문을 닫았다. 결과
적으로 미술관 교육의 대상은 모든 시민들이 아닌 중산층 이상의 시
민에 한정되어 있었다.

교육의 실용적 관점에서 설립된 사우스켄싱턴미술관은 지방학교
의 미술과 디자인 교사를 양성하고 훈련하는 미술전문가 교육을 실
시하면서 교육대상은 계층이 아닌 교육목적에 따라 나누어졌다.

3. 교육프로그램

모더니즘 이전 미술관의 전시는 프랑스혁명 이후 교육받지 못한
시민들의 저속한 취향을 발전시키고 공동체의식을 강화하기 위한 교
육적 기능이 강조되었다. 이러한 사회통합과 개선을 목표로 한 '전시'
는 '대중교육' 프로그램의 연장선에서, 산업발전을 위해 설립된 '미술

관 학교'의 교육은 '전문가 교육' 프로그램으로 구분된다. 루브르미술관에서 비롯된 대중교육은 전시로 구현되었고 사우스켄싱턴에서 시작된 전문가 교육은 실물을 따라 그리는 '드로잉' 교육을 기초로 기술교육이 이루어지게 된다. 초기 공공미술관의 대중교육이었던 전시의 내용은 미술사적 관점에서 이루어졌다. 미술사가들에 의해 이루어진 당시 루브르의 전시는 과거 '갤러리'에서처럼 단순히 시각적인 쾌감을 주는 차원을 넘어 시대적, 지리적으로 분류되어 유파별로 질서지워지거나 대가의 예술적 여정을 시간순으로 배열하였다. 한민족의 정신적 궤적을 가시화하고 나아가 기념비적 미술품에 질서를 세운 미술사적 관점은 당대 혁명세력의 세계관을 대변하는 것이었다. 시민사회의 새로운 지배계층으로 등극한 부르주아들은 절대왕정의 정통성을 뒷받침하고 있던 신학적, 자연법적인 사고를 대체하는 진보적 역사관을 통해 자신들의 혁명을 정당화하고 사회통합을 이루고자 했다. 그들은 '자유'라는 보편적 개념을 향해 역사가 진행되어왔고 사회의 발전은 인간의 이성에 의해 가능하다는 것을 전시로 전달하고자 한 것이다.13) 루브르미술관이 '나폴레옹미술관'이라는 명칭이 사용될 시기에 이루어진 유럽 각지의 전리품 전시는 '자유의 승리'라는 정치적 의도를 담고 있었다. 이 시기의 미적인 탐구는 미적 반응에 대한 철학적 탐구로 이어져 미술품이 감상자의 주관에 끼치는 영향에 대한 연구로 이어졌다. 이후 공공미술관의 전시가 시민의식 향상을 목표로 나아가는 데는 18세기 독일 철학자 바움가르텐(A. G. Baumgarten)에 의한 '미학(aesthethetica)'을 통해 대폭 진작되자 미술작품의 감상행위

---

13) 전진성(2004), pp.45~58.

는 곧 교양교육으로 성립되는데 크게 기여하였다. 미학을 통해서 미는 지각, 인식, 상상 간의 상호 연관성에서 논의가 가능해졌고, 미는 대상에 내재된 속성이 아닌 진리의 특수한 표현으로 취급되었다. 미에 대한 논의는 칸트의 『판단력 비판』에서 '무관심한 쾌(快)', '목적 없는 합목적성', 또는 '놀이' 등과 같은 개념으로 미의 인식적 문제, 미적 취향과 도덕적 선의 관계도 규명하였다. 그가 정의한 '취향'은 특정한 목적이나 기능에 종속되지는 않지만 본질적으로는 공동체의 감각이라는 관점에서 미술작품을 감상하는 것은 그 작품이 생성되고 향유되는 사회적 맥락에 의지한다는 것이다.[14]

즉 칸트의 주장에 따르면 미술작품을 감상하는 것은 아름다움을 체험하는 것이며 이 체험은 암묵적으로 작품에 내재된 사회적 구성원들 간의 합의된 도덕적·보편적 취향을 공유하는 행위가 된 것이다. 미학적 실천을 보여주는 당시 '신고전주의(neoclassicism)' 전시는 시민들의 취향과 덕을 고양시켜 공동체의식을 향상시키겠다는 목표를 담고 있었다. 19세기 보스턴미술관의 관장 페어뱅크(A. Fairbank)의 발언인 "최상의 미술관 교육은 수준 높은 작품의 수집과 전시만으로도 가능하다"[15]는 주장은 이러한 미술사적 입장을 대변하는 것이다. 18세기 미술개념의 등장과 미술사라는 학문적 토대 위에 미술관에서의 전시는 대중교육의 이론적 근거를 공고하게 했다.

모더니즘 이전 전시 자체가 교육적 목적으로 이루어졌던 전시형태의 교육은 미국의 초기 미술관 전시에서 사회 계몽적 성격을 잘 보여

---

14) 먼로 C. 비어슬리(1987), 『미학사』, 이론과 실천, pp.203~242.

15) T. Zeller(1989), "The History and Philosophical Foundations of Art Museum Education in America", *Museum Education History, Theory, and Practice*, NAEA, p.48.

주었다. 다나(J. Dana)에 의해 미술관 교육을 강조했던 미국 뉴어크미술관(Newark Museum, 1909)의 전시는 교육적 전시의 사례를 잘 보여준다. '뉴어크 가구'라는 주제로 열린 이 전시는 디자인이 가미된 저렴하면서도 질이 좋은 물건들을 포함한 가구전시로 이민자, 하층민, 노동자들의 생활을 개선시키자는 교육적 의미를 담고 있었다.16) 이와 비슷한 시기에 톨레도미술관(Toledo Museum)은 미술관 전시장을 일반 가정집의 실내처럼 꾸며 집안 꾸미기 교육을 전시를 통해 선보였다. 이러한 대중교육의 맥락에서 이루어진 전시는 대중의 미적 의식을 향상시켜 사회개선을 유도하려는 모더니즘 이전의 초기 미술관 교육의 목적을 담고 있었다.

일반 대중의 도덕성과 미적 취향을 효과적으로 개선시킬 수 있다는 실물교육의 원칙은 모더니즘 이전 시대의 '전문가 교육'에도 적용되었다. 19세기 미술관 교육에서 전문가교육 프로그램은 '드로잉 교육'을 중심으로 이루어졌다. 드로잉 교육은 수준 높은 예술품 감상 수업의 연장이며, 작품의 조형성을 사실적으로 모방하는 것이 주된 내용17)이었다. 아카데미에서 시작된 실물 드로잉 교육이 디자인 향상에도 상당한 효과가 있다는 교육효과 때문에 사우스켄싱턴미술관의 미술관 학교18)에서는 산업인력 전문가 양성을 위한 교육으로 실시되었다. 산업화에 따른 산업디자인의 필요성 때문에 아카데미에서

---

16) Alexander E. P.(1988), "The American Museum Chooses Education", *Curator* 31, Mar, pp.61~80.

17) 드로잉 중심의 미술교육 과목들은 복사물의 자유로운 드로잉, 모델의 자유로운 드로잉, 기하학적, 선적인 원근법, 그리고 거대한 숫자와 글자 및 도형의 묘사를 한다. 당시 드로잉 교육은 사물을 관찰하고 이해하고 표현하는 능력과 인지능력을 향상시켜준다는 측면에서 학교교육에서도 실행되었다.

18) 19세기 산업 발전을 위해 드로잉 교육을 강조했던 영국의 사우스켄싱턴미술관은 산업 디자이너 교육과 학교 드로잉 교육을 위한 교사양성, 드로잉 교수법 개발을 담당했고, 영국 드로잉 교육의 중앙훈련기관으로 기능했다. 사우스켄싱턴미술관의 '도덕성 함양을 위한 산업 드로잉 교육'은 스미스(W. Smith)에 의하면 미국의 공립학교의 정식 커리큘럼으로 도입되기도 했다. Elland A. D.(1989), p.90.

● 메트로폴리탄미술관에서 작품을 모사하고 있는 화가지망생. 1910년

유래된 드로잉 기초 교수법과 실물교육의 이론이 도입된 것이다. 이 미술관의 전문가 교육은 산업인력을 위한 프로그램뿐 아니라 학교교사와 학교프로그램을 담당했다. 영국의 저명한 미술관 학자인 후퍼그린힐이 주장한 것처럼 모더니즘 이전 시대에는 미술교육을 미술관

교육이 주도했음을 알 수 있다.

20세기 초 일부 미술관에서 진보주의 교육운동을 접목한 새로운 미술관 교육의 프로그램을 실험하고 선보이기도 했으나 주류를 형성하지 못하고 사라졌다.[19]

---

19) 포스트모더니즘 관점에서 미술사와 학제 간 접근으로 재평가되는 교육으로 20세기 초 진보주의 교육을 도입한 교육프로그램들이 일부 미술관에서 실험적으로 시도되었다. 안금희(2007), "미술관 교육과 미술교육", 『미술교육과 문화』, p.22.

제2장 | 모더니즘시대의 미술관 교육

　　20세기로 넘어오면 시각예술을 비롯한 문화현상 전반에 걸쳐 과거
전통에서 벗어나려는 진보주의 경향이 나타났다. 이러한 진보주의적
분위기 속에서 뉴욕현대미술관이라는 모더니즘 미술관이 탄생했고
미술관 교육도 모더니즘 미술관의 맥락에서 새롭게 재편되었다. 모더
니즘 미술관 교육으로의 전환은 미술관 교육에 대한 공식적인 재정
적 지원이 제공되면서 가능해진다. 1930년대 미국 대공황을 타개하기
위한 뉴딜(New Deal)정책의 일환인 공공사업 진흥국 연방미술정책
(WPA: Federal Art Project)20)은 이러한 모더니즘 미술관 교육을 출발
하게 하는 계기가 된다. 1930년대 경제 대공황 시기 경제적 불황으로

---

20) 1930년 대공황기 프랭클린 D. 루스벨트 대통령 행정부가 착상한 포괄적이고 영향력 있는 시각예술에 대
　　한 계획안을 말한다. 공공사업 진흥국 연방미술계획(WPA/FAP)은 다양한 경험, 독특한 개성을 가진 미술가
　　들을 고용하여, 다각적으로 실험적인 미술에 지원을 높이고 미국의 신예술 운동에 큰 영향을 미쳤다. 미술
　　가 구제사업을 통한 문화개발의 가능성 때문에 1933~1934년 공공미술 사업계획에 재능에 좌우되지 않
　　은 무직의 예술가를 고용했고, 1935년 가을에 벽화, 회화, 조각, 그래픽, 포스터 디자이너, 색인 디자인, 미
　　술교육, 기술직업 훈련 등을 위한 창의력, 교육, 연구, 서비스에 대한 포괄적인 계획이 만들어졌다. 이것은
　　전국에 걸쳐 무명의 미술과 미술인들이 있는 100여 곳에 미술센터와 화랑을 개관함으로써 시민들의 의식
　　을 일깨우는 데 큰 몫을 차지했다. Federal Art Project 이하 WPA로 표기한다.

• 뉴욕현대미술관의 청소년을 위한 교육프로그램이 진행되는 모습, 1937년

학교가 문을 닫는 사태가 벌어지자 교육기관을 대체해 왔던 미술관
에 WPA기금으로 교육프로그램을 연구 개발할 수 있는 재정적 지원
이 이루어졌다. 모더니즘시대 교육주체와 독립된 교육부서에 대한 재
정적 지원은 미술관 교육의 틀을 갖출 수 있는 토대를 마련해주었다.
미술관 기금을 조성하는 재단과 후원자들의 영향력이 미술관의 활동
에 직접적으로 영향을 미치게 되자 전문화된 미술관 교육을 담당하
는 에듀케이터(educator)가 등장하게 되었다. 에듀케이터의 등장은 전
시가 대중교육의 수단이라는 종래의 인식에서 벗어나 모더니즘 미술
관 패러다임과 교육이론의 상호관계에서 교육을 실행하게 된다. 전시
와의 연계성보다는 교육이론에 근거한 프로그램들이 개발되었고 주

요 관람객들을 위한 전문가 프로그램 등이 개발된다. 전문가 교육이 직업교육의 성격에서 벗어나게 되자 학생들과 미술애호가들이 전문가 교육의 대상이 된다.

모더니즘시대 미술관 교육은 모더니즘 미술을 이론적 기반에 두고 있지만 미술관 교육의 예산과 자금이 정부재정 지원으로 운영되면서 정부가 강조하는 정책과 요구사항들이 반영되었다. 1935년부터 1950년대까지 사회재건이라는 사회적 분위기에 편승하여 대중교육의 중요성이 부각되었으나 미술관이 모더니즘 미술을 지지하는 제도로 정착하게 되자 1950년대 이후 미국적 모더니즘 미술을 중심으로 교육의 방향이 전환된다.

1. 교육주체

모더니즘시대 미술관 교육은 정부가 공식적 예술후원자로 나서는 WPA를 계기로 새로운 전환점을 맞이하게 된다. 1930년대 경제침체 속에 미국정부가 사회를 재건할 교육적이고 문화적인 프로그램 개발과 연구를 미술관에 요구하게 되자 뉴욕현대미술관을 비롯한 미술관들이 소극적인 교육형태인 '전시'에서 벗어나 새로운 교육프로그램을 개발하게 된다. 대부분 미술관의 예산과 자금이 후원과 정부지원에 의존하고 있었기 때문에 미술관은 정부정책에서 요구하는 교육적 임무를 수행해야만 했다. 당시 현대미술의 생산지로서 과거의 미술관과 차별화를 선언한 뉴욕현대미술관은 WPA정책의 수혜를 받기 위해 진보주의 미술교육학자인 패커드(A. Packard)[21]를 선임하였다. 뉴욕현대미술관이 진보주의 교육학자인 패커드를 선임한 것은 진보주의 미술교육이 추구했던 삶과 예술의 통합이 사회적 요구에 부합되었고, 동시에 전통성을 거부하고 새로움을 추구하는 진보주의적 성격은 미술관의 방향성을 동시에 충족시켜줄 수 있었다. 패커드는 1년 동안 미술관에 체류하며 미술관 교육의 당위성과 실천전략을 연구했고, 그의 보고서를 토대로 미술관 교육부서가 뉴욕현대미술관에 설립된다. 1937년 설립된 교육부서는 진보주의 교육의 입장에서 대중교육을 표명하며 다음 3가지 목표를 제시하였다. 그것은 첫째, 미술관 교육부서는 어린이들과 성인들의 미술에 관한 이해를 증진시키도록 할 것, 둘째, 일반 대중들이 일상생활 속에서 창조적 미술경험들의 가치를 이해할 수 있도록, 또한 이것을 증진시키도록 할 것, 셋째, 일반교육을 위한 미술을 증진시키기 위한 교수법을 개발하고 발전시키도록 하는 것이다.[22] 모더니즘시대 미술관 교육은 전통적 미술교육에 대항하며 당시로는 신진교육운동 중 하나였던 진보주의 교육이념의 영향력 속에서 전개된다.

패커드 보고서를 토대로 뉴욕현대미술관은 진보주의 교육이념을 가진 에듀케이터를 영입하게 된다. 에듀케이터는 모더니즘시대부터 미술관 교육을 기획하고 실행하는 교육의 주체가 된다. 최초의 미술관 에듀케이터인 다미코(V. D'Amico)[23]는 1939년부터 1950년대 중반

---

21) 패커드 보고서는 당시 다트머스 대학의 미술교육과 학장이었던 패커드(A. Packard)가 뉴욕현대미술관에 1년간 체류하면서 뉴욕현대미술관이 사회교육기관으로 정립하기 위한 당위성과 전략들에 관해 쓴 138페이지 분량의 연구보고서이다. 이 보고서는 현대미술과 존 듀이의 진보주의 교육이념을 접목한 것으로 일반대중들에게 모더니즘 미술에 관심을 유발하는 목적으로 쓰였다. The Museum of Modern Art, *Annual Report, 1934*, The Museum of Modern Art Archives, Annual Reports, Box.

22) 김형숙(2001), pp.72~77.

23) 빅터 다미코는 진보주의 교육운동에 기초하여 미술관 교육을 실시한 뉴욕현대미술관의 최초의 에듀케이터이자 1930년대 미국 미술관 교육의 철학과 실제를 대표하는 인물이다. 기존의 감상수업에서 탈피하여 미술실습 위주의 교육프로그램을 개발했으며, 그녀가 개발한 프로그램은 1940년대와 1950년대 국제적인 명성을 가지며 뉴욕현대미술관이 미술관 교육의 명성을 갖게 하는 기틀을 마련했다.

까지 모더니즘 미술관 교육에 있어 감상교육에서 벗어나 대중교육 프로그램을 개발하고 발전시킨 선구적 역할을 하였다. 다미코는 진보주의 교육이론에 기반을 두고 다양한 연령층의 사람들(3세부터 18세까지의 어린이, 군인, 성인)을 위한 교육프로그램들을 연구 개발하였다. 당시 미국의 사회재건이라는 사회적 목표와 진보주의 미술교육이 추구했던 삶과 예술의 통합을 위한 교육목표가 맞아떨어지면서 사회, 정치적 문제와 직접적인 관계 속에서 교육프로그램들이 기획되었다.

모더니즘시대 초기에 뉴욕현대미술관을 비롯한 미술관들은 정부 지원을 받기 위해 교육적 성격을 강조하였다. 특히 사회재건을 위한 학교의 미술교육 개발에 전력하게 된다. 19세기 말부터 단행된 교육 확대 정책의 결과로 전문 직업학교와 대학이 증가되어 미술관이 더 이상 직업교육을 시킬 필요가 없어지자, 미술관은 기존의 협력관계를 유지해오던 공교육의 미술을 전담하게 되었다. 학교 미술교육을 주도하게 된 미술관은 사실상 미술관이 추구하는 모더니즘미술의 제도화를 실현시키는 발판을 마련하게 된다. 모더니즘 이전부터 미술관 교육에서 형성된 미술관과 학교의 파트너십은 모더니즘시대에 한층 강화되면서 미술관 교육의 영향력이 학교에서 더욱 커지게 되었다. 미술관 교육을 담당하는 에듀케이터는 미술관 교육과 관련된 학교의 단기 교육과정도 주관하면서 교사들에게 미술교육에 관한 정보와 수업방식을 제공하였고, 학교수업과 미술관이 통합된 다양한 단계의 프로그램들을 개발했다.24) 실제 에듀케이터와 교사의 관계는 협력적이

---

24) 1937년부터 신설된 학교연계 미술관 교육프로그램은 학교 내 학생부터 교사에 이르기까지 최신 미술 경향인 모더니즘 미술을 발표하고 참여하도록 했다. 이른바 '움직이는 미술관'이라는 이 프로그램은 뉴욕시 12개 학교에서 이루어졌다. M. L. Buffington(2007), p.14.

지 않았고 에듀케이터가 미술관 교육을 기획하고 교사들에게 정보와 방법을 제공하는 일방적인 관계였다[25]는 측면에서 당시 학교 미술교육도 미술관 에듀케이터가 주도했음을 알 수 있다. 헤인(Hein)은 당시 미술관 교육의 목표와 학교교육의 목표가 달랐다고 기록했고, 초기 에듀케이터를 연구한 스톤(Stone)은 소수의 에듀케이터들이 교육프로그램을 향상시키는 평가를 위해 교사들을 충원했다고 하지만 학교가 미술관 교육의 커리큘럼을 지시할 수는 없었다고 설명하고 있다.[26] 리우(Liu)는 당시 대부분의 학교프로그램 자료들이 교사들의 참여와 무관하게 에듀케이터에 의해 개발되었다[27]는 점을 지적했다.

에듀케이터의 등장 이후 미술관 교육의 영역과 영향력이 더욱 확장되고 강화되자 미술관이 큐레이터를 양성하는 기관으로서 대학과 연계한 프로그램과 공동작업을 해야 할 필요성을 강조하며 미술관과 대학교 등의 연계프로그램[28]도 개발되었다. 미술관 교육의 특성이 실물교육에 기반을 둔다는 점에서 에듀케이터가 기획한 학교교육 프로그램은 미술관의 소장품과 그들이 정립한 미술사를 토대로 개발되었다. 이러한 측면에서 학교프로그램은 곧 모더니즘 미술의 확립과 저변 확대를 위한 장치로 해석될 수 있다. 이것은 곧 뉴욕현대미술관이 소장한 모더니즘 작품들의 가치를 격상시키고 역사적 정당성을 갖게 함으로써 미술관의 위치를 격상시키는 장치로 활용된 것이다. 모더니즘 미술관의 학교프로그램은 미래의 문화 향유자들인 학생들

---

25) M. L. Buffington(2007), p.15.

26) M. L. Buffington(2007), p.13.

27) M. L. Buffington(2007), p.14.

28) 뉴욕현대미술관은 모더니즘 작품을 활용하여 프로그램을 개발하고 그러한 시각자료를 통해 학교 미술교사들에게 무상 미술교육 수업을 제공했다. 대략 100여 명의 교사들이 뉴욕현대미술관에서 매년 열리는 이 미술교육 프로그램에 참여하여 모더니즘 미술의 의미, 가치, 중요성을 학습했다. 김형숙(2001), p.75.

의 미적 기준을 모더니즘 미술로 제시한 것이다. 당시 뉴욕현대미술관을 비롯하여 뉴욕의 휘트니와 구겐하임과 같은 모더니즘 미술관들이 뒤이어 학교프로그램에 참여했다는 사실에서 미술관 교육은 모더니즘 미술관이 추구한 모더니즘 미술을 제도화하는 데 일조했음을 시사한다. 모더니즘시대 미술관 교육의 주체로 등장한 에듀케이터는 미술관의 관점과 교육이론을 접목한 교육프로그램을 기획하고 실행함으로써 미술관 교육의 내용적·형식적 변화를 주도했다.

2. 교육대상

모더니즘시대 미술관 교육이 모더니즘 미술관 패러다임의 맥락에서 이루어진다는 측면에서 교육대상의 범위는 학생과 중상류 계층으로 집약된다. 모더니즘시대 미술관이 학교교육을 전담하게 되면서 한층 다양한 연령대의 학생들이 교육에 참여하게 된다. 뉴욕근대미술관은 1937년부터 1938년까지 12개 학교를 교육프로그램에 참여시켰고 이후 지속적으로 학교교육 프로그램을 발전시키며 뉴욕시 공립학교의 미술교육을 모두 담당하게 된다. 그 결과 모더니즘시대 주요 교육대상의 범주에 학생이 많은 비중을 차지하게 된다. 학생과 교사를 위한 미술관 교육은 수업의 지속성과 미술사를 기반으로 한 교육내용의 특성상 전문가 교육의 범주에서 논의될 수 있다. 모더니즘 이전 전문가 교육에서의 교육대상인 학생은 직업훈련을 받을 수 있는 10대 후반부터 20대에 집중되어 있었다. 반면 모더니즘시대 학생들의 범위는 초등학생부터 중학생, 고등학생, 대학생들까지 그 연령대가 확대되었다. 미술관이 학교 커리큘럼 안의 미술교육을 대신함으로써

교사교육을 위한 프로그램이
개발되어 교육대상은 교육기
관 내 학생부터 교사까지 포함
하게 된다.

미술관 관람자들 중 극소수
가 미술관 교육에 참여한다는
측면에서 모더니즘시대 교육

•뉴욕현대미술관에서 헨리무어의 작품 설명을 듣고 있는
 관람객들, 1949년

대상의 범주는 모더니즘시대 미술관 패러다임의 맥락에서 논의될 수
있다. 신흥 자본가들에 의해 설립된 미국의 모더니즘 미술관은 유럽
과 같은 품위 있는 문화적 공간이 부족했던 척박한 미국 문화 속에서
그들만의 예술적 취향을 공유하고 그들만의 문화적 활동을 충족할
수 있는 공간으로 출발했다는 측면에서 미술관의 주요 관람객은 부
유한 부르주아들이었다. 사전 지식 없이 이해하기 힘든 모더니즘 미
술을 이해하고 감상할 수 있는 능력과 미술관에서의 교육을 받을 수
있는 시간적·경제적 여유를 가질 수 있는 계층은 대공황 이후 1950
년대까지 미국 사회에서 고등교육을 받고 화이트칼라로 불리는 사무
직 종사자들로 소위 엘리트 계층이었다. 당시 대중교육 프로그램은 3
세 어린이부터 성인에 이르는 다양한 연령대의 프로그램이 실시되기
는 하였으나 교육에 참여했던 어린이들은 미술관 회원의 자녀들로
미술관 회원이 주요 교육대상이었다. 당시 교육대상에 대한 통계자료
는 산출되지 않았지만 교육프로그램의 목표와 성격에서 교육대상의
범주를 파악할 수 있다. 1938년 뉴욕현대미술관의 강좌프로그램의 제
목들은 다음과 같다. "미술 감상 수업의 다양한 문제점", "성인 미술
작품의 해석", "미술작품을 통해 정상아와 장애아의 발견과 치료",

"창조적 경험의 가치"였다. 프로그램의 제목에서 이미 교육대상의 범주가 미술에 대한 상당한 지식을 갖춘 사람이거나 미술계 종사자, 혹은 전문가 집단으로 고등교육을 받은 엘리트층을 위한 것임을 알 수 있다. 다만 당시 사회재건과 사회적 문제를 해결하기 위한 프로그램이 개발되면서 퇴역군인미술센터(veteran's art center)가 설립되었고, 퇴역군인과 같

• 뉴욕현대미술관 퇴역군인 미술센터 포스터

은 특수한 상황에 있는 일부 집단이 교육대상에 포함되기도 했다. 하지만 이러한 특수한 상황은 한시적이었으며 모더니즘시대 교육대상은 전문가 교육의 범주에서 교육이 실행되면서 학교학생들과 교사들, 예술과 관련된 전문가 집단으로 한정되는 현상을 보여주었다.

3. 교육프로그램

모더니즘시대 교육프로그램은 미술관의 목표와 교육이론의 접목으로 기획된다. 모더니즘 초기 미술관 교육프로그램은 진보주의 교육이념을 이론적 전제로, 창의적 자기표현(creative self-expression)을 목표로 했다. 정부의 재정적 지원을 받게 된 미술관은 사회발전이라는 사회적 요구에 맞추어야 하는 상황에서 당시 진보주의 교육이론을 토대로 프로그램을 개발하게 된다. 정통적 가치관의 부정에서 출발하여 창조성을 강조하는 진보주의 교육관은 뉴욕근대미술관이 추구했

던 모더니즘 미술의 아방가르드적 정신과도 부합되었다. 특히 진보주의 미술교육에서 추구했던 보편성으로서의 '삶'과 '내적 정신'이라는 용어는 모더니즘 미술에서 강조되었던 개념과 연관되는 지점이다. 당시 진보주의 교육이 사회발전을 위한 교육프로그램의 이론으로 정당화될 수 있었던 것은 예술과 삶의 통합으로 더 나은 삶을 영위할 수 있는 전인적 교육을 주장했기 때문이다. 진보주의 관점에서 미술교육은 개인의 상상력을 증가시키기 때문에 개인의 창의적 능력과 심리적 성장을 이룰 수 있어 사회발전을 위한 인재교육이 될 수 있다는 것이다. 창의적 교수법은 크레민의 해석처럼 "표현주의적 원리를 교육적 차원에서 해석한 것"이었다.

당시 미술관 교육이 창의적 교수법을 목표로 함으로써 강좌명과 내용에서 모더니즘 미술의 아방가르드 정신인 '독창성'과 '자아표현'의 단어들이 즐겨 사용되었다.

이 시기 교육프로그램이 교육이론에 의거해 개발됨으로써 아동발달 이론에 기초하여 나이별로 구분된 수업이 이루어졌다. 이것은 미술교육이 개인의 육체적, 정신적, 사회적 그리고 정서적 성장을 강조해야 한다고 주장한 로웬펠드의 『창의적이고 정신적인 성장』에 기초한 것이다.[29] 창의적 교육에 대한 신념은 모더니즘 미술을 기반으로 한 전문가 교육인 학교프로그램 연구와 개발로 이어졌다.

학교프로그램의 내용인 '디자인의 원리', '가구에 있어서 현대디자인', 그리고 '현대 작가들' 등은 모더니즘 미술의 관점에서 개발된 회화, 조각, 실내디자인, 산업디자인, 포스터, 그리고 광고미술 등의 자료를 활용하여 교사와 학생교육이 이루어졌다. 그리고 모더니즘 미학

---

[29] 김형숙(2001), p.105.

의 맥락인 '천재 예술가'의 관점에서 감상교육을 논했고, 미술의 조형적 관점에서 학생의 창의적 표현을 중요시하였다. 미술관에서 진행한 모든 교육프로그램이 공유한 내용은 전형적인 연대순, 예술가와 남성적 관점에서 서술된 정보, 스타일 분석, 상징주의의 동일화, 예술 작품들 간의 비교였다.30) 당시 프로그램의 내용을 통해 모더니즘시대 미술관 교육도 미술사의 범주에서 실행되고 있었다. 당시 수업내용은 작품에 따른 사회와 문화의 이해보다는 작품의 형식에서 보이는 색채와 구도와 같은 조형적 요소가 주요 주제였다.

• 표 2-1. 뉴욕근대미술관에서의 강좌프로그램(1938)31)

강좌명	날짜	강좌내용
미술 감상 수업의 다양한 문제점	1938.1.27.	미술 감상과 미술교육에서의 다양한 교수법에 대한 토론: 시각적 자료의 평가와 필스톤 학교에서의 미술 감상의 실험에 관한 연구
성인 미술작품의 해석	1938.2.24.	성인들의 작품에서 보이는 특성 분석, 사례연구가 제시되고 토론되어짐
미술작품을 통해 정상아와 장애아의 발견과 치료	1938.3.24.	장애어린이들의 다양성에 관한 2년간의 실험에 대한 발표와 토론, 사례연구와 예술작품들이 제시됨
창조적 경험의 가치	1938.4.28.	창조적 표현을 강조하는 가치들과 이것들을 교수 경험에 어떠한 식으로 적용하는지에 관한 토론

1950년대 중반 미국은 미소 냉전체제에서 소련보다 과학적 우위를 점하기 위한 교육개편을 단행하게 되었다. 학문성을 강조하는 새로운 교육목표가 설정되자 미술관 교육도 DBAE라는 새로운 경향의 미술교육 이론을 도입하게 된다. 이 시기 미술관 연구학자들은 미디어 연

---

30) Melinda M. Mayer(2007), New Art Museum Education, Pat Villeneuve, Editor, *From Periphery to Center: Art Museum Education in the 21st Century*, p.44.

31) The museum of Modern Art(1938), *The Annual Report of the Executive Director to the Trusees and Corporation Members of the Museum of Modern Art, 1937~1938*, 김형숙(2001), p.76.

구로부터 차용한 "시각적 문해력"이라는 용어를 사용하기 시작한다. 시각적 문해력은 시각 이미지가 담고 있는 의미를 읽어내고 이해하기 위한 효과적인 교육방법으로 미술관 교육을 학문적으로 접근하자는 것이었다. DBAE는 미술사, 미학, 실기, 미술비평의 4가지 학문을 기초로 미술을 이해하고, 감상교육을 강화하는 데 목적이 있었다. 1955년부터 DBAE가 도입되었으나 미술관 교육부서가 목표로 하는 창의적 교육의 맥락에서 벗어나진 않았다. 1951년 『근대미술관회보 Museum of Modern Art Bullentin』에서 언급된 미술교육위원회의 목적에서 창의적 교육이 중요한 목표임을 알 수 있다.

> 미술교육위원회의 목적은 미술교육의 기본적 철학을 형성하는 데 관심이 있는 교육자들이 함께 모여 창의적 교육을 증진시킨다는 데 있다.[32]

1955년에 정부의 교육개혁의 요구에 의해 DBAE를 도입하기 위해 '미술사-창의적 교수법', '미술사와 문화의 관계', '창의적 교수법에 있어서 미술작품의 역할' 등의 주제로 세미나가 개최되었다. 1950년대 중반 미술교육위원회의 세미나를 통해 진보주의 미술교육은 쇠퇴하고 DBAE가 도입되었으나 DBAE의 체계가 모더니즘 미술사와 미학에서 성립되었다는 측면에서 미술관이 추구하는 창의적 교육의 맥락에서 벗어나지 않았다. DBAE 도입은 교육프로그램이 전통적인 교육방법인 주입식에서 벗어나 상호작용의 방식으로 하게 된다. 전략적 질문방식, 게임, 쓰기, 스토리텔링 등의 교육기술이 첨가되어 미술관

---

32) Museum of Modern Art(1951), *Museum of Modern Art Bulletin*, p.17; 김형숙(2001), p.108.

교육의 실천적 방식에서 변화가 생겼으나 교육적 목표는 여전히 전문 지식과 감상기술을 익히는 것이었다. 모더니즘시대 미술관 교육은 에듀케이터의 등장으로 전시가 곧 교육이라는 개념에서 벗어나 모더니즘 미술과 미술교육 이론에 기반을 둔 교육프로그램으로 전개되었다.

제3장 | 포스트모더니즘시대의 미술관 교육

　모더니즘시대 에듀케이터가 등장하고, 모더니즘 미술관 패러다임의 맥락에서 전문가 교육이 강조되었지만 미술관의 기능 중 교육기능은 수집과 전시기능에 비해 여전히 영향력을 갖지 못했다. 하지만 1960년대 이후 미술관 교육이 활성화될 수 있는 재정적, 제도적, 외부적 환경이 변화되면서 미술관에서 교육의 영향력이 확대되기 시작했다. 1960년대 미국정부는 슬럼화되는 도시의 사회문제를 대안교육기관인 미술관을 비롯한 공공기관을 통해 해결하고자 NEA(National Endowment for the Art)[33])와 NEH(National Endowment for the Humanities) 기금을 크게 확대하였다. 교육에 대한 정책지원이 확대되자 미술관은 공익적 교육기관임을 입증하기 위해 교육프로그램을 확대하게 된다. 뒤이어 1969년에는 세제개혁법안(Tax Reform Act)이 통과되어 비영리재단에 대한 세금감면이 가능해지자 미술관들은 사회교육기관으로서 자신들의 임무를 더욱 강조하게 되었다. 미술관 교육이 문화예술 지원을

---

[33] NEA는 미국의 예술활동을 지원해주는 독립된 연방부서로 개인이나 비영리단체 등을 지원한다.

위한 정부기금의 확대와 비영리재단의 세금혜택을 위한 세법개정으로 재정적 기반을 갖게 되자, 공적 자금이 유용하게 쓰이고 있다는 것을 증명하기 위해 미술관, 교육 관련 간행물들이 발행되었다. *America's Museum, The Art Museum as Educator*와 같은 잡지들은 미술관 교육의 재정을 안정적으로 보장해주며 미술관 교육의 전문성이나 교육적 규범이 명확하지 않은 교육프로그램을 보완해주는 역할도 하였다.[34]

1960년대 교육예산의 확대는 미술관 내의 교육기능이 활성화되는 계기는 마련했으나 미술관 교육의 중심은 여전히 전시와 전문가 교육에 집중되어 있었고 교육내용, 교육방법, 교육목표 등이 모더니즘의 맥락에서 크게 벗어나지 못했다. 하지만 대중주의를 선언한 포스트모더니즘 미술관 패러다임으로 미술관 내 교육이 강조될 수 있는 환경이 마련되었다. 1980년대 미술관의 경제적 위기 타개방안으로 등장한 대중주의로의 전환은 미술관 교육을 관람객 확보를 위한 공익적 서비스로 인식하게 된다. 모더니즘 미술관에서 주변화되었던 일반 대중들은 포스트모더니즘 미술관에서 환영받는 계층이 되었다. 대중이 미술관의 주요 관람객으로 인식되면서 자연히 미술관 교육도 '전문가 교육'에서 '대중교육'으로 확대되는 현상을 보여주게 된다.

무엇보다 포스트모더니즘 미술관 교육으로의 전환은 현대미술을 탈모더니즘적 성격을 가진 포스트모더니즘 미술이 주도함으로써 모더니즘 미술관이 내세웠던 모더니즘 미술사의 가치와 관점이 붕괴됨으로써 가능해진 것이다. 이러한 미술관, 미술계의 변화와 더불어 1980년대 미국 내 교육개혁 운동에 의한 교육기준의 변화 바람은 미

---

[34] B. L. Williams(2007), "A Summary of U. S. Museum Policy From 1960 to the Present" Pat Villeneuve, Editor, *From Periphery to Center: Art Museum Education in the 21st Century*, pp.58~59.

술관 교육이 혁신되어야
할 상황이었던 것이다. 이
러한 분위기에서 신미술
사, 포스트모더니즘 교육
이론을 토대로 포스트모더
니즘 미술관 교육이 가능
해진다. 미술관 패러다임
이 전문성에서 대중성으로

● 포스트모더니즘시대는 자유로운 분위기에서 미술관 교육이 진행됨. 메이트랜드지역 미술관의 교육모습, 2011년

변화되자 미술관은 관람객 개발을 위한 관람객 연구를 하게 된다. 소통적 관점에서 이루어진 관람객 연구는 교육프로그램 개발에 적극적으로 활용되었다. 미술사와 교육의 인식변화는 미술관 교육에 있어 관람객과 미술관의 위계적이고 일방적인 관계가 재고되었고, 에듀케이터의 역할, 학습자에 대한 개념 등 미술관 교육 전반을 관람객 입장에서 재설정하게 된다. 교육방식도 에듀케이터 중심에서 학습자(관람객) 중심으로, 가르치는(teaching) 개념에서 학습하는(learning) 개념으로 대체되었다. 포스트모더니즘시대 미술관 교육의 의미와 철학은 사회적 변화에 따라 새롭게 정의되었다.

1. 교육주체

포스트모더니즘으로의 문화적 변화에 따라 미술관 교육에 대한 에듀케이터의 인식변화도 1980년대에 본격적으로 시작된다. 이 시기 포스트모더니즘 사고관이 만연해지자 미술계와 교육계의 변화에서 산출된 신미술사, 포스트모더니즘 미술교육 이론을 접한 미술관 에듀케이터들은 미술관 교육의 이론과 규범에 대한 재평가와 새로운 모색을 시작하게 된다. 1984년 "21세기를 위한 미국 교육(*Educating Americans for the 21st Century)*"을 통해 미술관 교육을 통한 개정방안이 언급되었다. 1984년 미국미술관협회의 "버몬트 보고서(*The Belmont Report)*"에서 21세기를 위한 미술관의 임무는 교육이라 지적하며, 미래의 미술관에 영향을 줄 경제, 인구학, 사회정치적 요소에 대한 연구를 강조했다. "새로운 세기를 준비하는 박물관들: 새로운 세기를 위한 박물관 위원회의 보고서(*Museums for a New Century: A report of the Commission of Museums for a New Century)*"에서 미술관의 주요 임무로 교육이 다시 강조되었다.35) 1980년대 교육개혁 운동은 미술관 내 교육적 임무나 원칙에 대한 기준을 새롭게 정의하는 계기가 되었다. 1980년대의 교육개혁 노력은 미술관 교육이 시민을 위한 공공서비스라는 측면에서 미술관 내 대중교육 확대의 필요성을 제기했고, 보이지 않는 관람객 확보를 위해 새로운 테크놀로지 도입, 에듀케이터의 전문성 개발에 대한 지원도 마련해주었다. 이후 1992년 미국미술관교육협회는 "우수성과 공정성: 미술관의 교육과 공익적 관점에서(Excellence and equity: Education and Public Dimension of Museum)"에서 미술관 교육의 전문성 확보를 위한 7가지를 제안하였다.

> 첫째, 미술관의 중심 임무로써 교육을 명시한다.
> 둘째, 미술관의 교육적 임무에 새로운 방법론 연구를 적용한다.
> 셋째, 미술관의 모든 부서가 협력적으로 진행하기 위해 공공교육에
> 　　　대한 책임을 위임한다.
> 넷째, 교육정책자, 이사, 후원자들은 공공미술관을 후원한다.

---

35) B. L. Williams(2007), pp.59~60.

다섯째, 공공조직과 타 교육기관과 협력을 장려한다.

여섯째, 미술관위원회는 광범위한 사회계층에 봉사하기 위해 지원한다.

일곱째, 기술적인 것과 차별화된 학습의 연계이다.[36]

미술관의 교육원칙을 연구하고 미술관의 교육임무를 촉진시키기 위한 전략적 측면에서 정리된 이 글은 1990년대는 미술관 교육이 다른 교육과 차별화된 것으로 공공성의 맥락에서 미술관의 전문성을 확보를 강조하고 있다. 에듀케이터는 교육과 공익, 2가지를 미술관 교육의 새로운 목표로 설정하고 이를 구현하기 위해 새로운 관점에서 교육프로그램의 연구와 기획을 하게 된다. 에듀케이터들은 신미술사 운동의 관점에서 미술관 교육의 방향을 새롭게 제시하게 된다. 에듀케이터들은 자신들이 이제까지 전달해왔던 미술사의 지식이 객관적인 진실이 아니라 사회적으로 구축되어온 것을 인식하고, 미술관 교육대상과 관람자의 지위에 대해서 재검토하게 된다. 과거 에듀케이터들은 미술사나 미술교육 학자들의 의견에 기대어 있거나 그동안 실행되었던 성공적 교육사례를 근거로 교육프로그램을 진행해왔다. 하지만 포스트모더니즘시대는 보다 다양한 층위의 관람객 및 교육대상의 확대로 그들의 문화적 이해를 수반한 대중교육이 강조, 확대되기 때문에 에듀케이터는 미술과 다양한 지식을 통합하고 기획할 수 있는 전문적인 능력을 요구받게 되었다.[37]

또한 미술관 교육의 교육적 효과와 실효성을 높이기 위해 에듀케이터는 관람객 연구를 선행하게 된다. 관람객 연구는 19세기에 등장해

---

36) B. L. Williams(2007), p.61.

37) L. Buffington(2007), p.17.

모더니즘시대까지 학생들의 미술관 체험효과와 학습이해 방식에 중점을 둔 연구들로 진행되어왔다.38) 하지만 포스트모더니즘시대 관람객 연구는 보다 포괄적인 관람객들을 대상화한다는 점에서 관람객들의 전반적인 특성을 밝히는 데 초점을 두게 된다. 결과적으로 포스트모더니즘시대 에듀케이터는 미술관과 관람객과의 중립적 역할을 하게 된다.

• 학습자와 작품, 에듀케이터의 상호소통으로 진행되는 교육모습, 샌프란시스코미술관 어린이 교육, 2011년

2. 교육대상

포스트모더니즘시대 교육대상은 대중주의를 추구하는 미술관 패러다임의 맥락에서 대중교육 프로그램이 확대되어 대중의 계층, 연령 등이 확대된다. 모더니즘시대 미술관이 공공성보다 전문성이 강조되면서 1960년대 문화운동시기 미술관이 지역의 하위계층이나 사회적 소외계층에게 문화적 소외감을 형성했다는 비난을 받았다. 1970년에 이르러 복지정책의 일환으로 NEA와 NEH 기금이 10배 증가되자 도심에 위치한 미술관들은 도시슬럼화와 사회문제를 함께 고민하고 해

---

38) M. L. Buffington(2007), p.16.

결한다는 명분으로 지역의 하위계층을 위한 교육프로그램을 처음으로 개발하게 된다. 역사적으로 미술관은 사회의 대안교육기관으로 혹은 평생교육기관으로 정의되어왔지만 실제적으로는 소수의 계층에 한정되어 있었다. 공적 자금으로 운영되는 공공미술관이 사실상 일부 계층의 문화공간으로 활용되어 오면서 문화적 수혜는 중상위 계층에 한정된 것이었다. 하지만 과거보다 경제적으로 어려워진 미술관은 재정적 지원과 혜택을 받기 위해 미술관이 위치한 다양한 계층의 지역주민들과 자신들이 간과해온 계층들을 의식해야 했다. 미술관이 정부기금을 받기위해 지역사회로 시선을 돌린 이후 1980년대는 미술관의 재정적 문제로 장애인과 노인, 이주노동자들과 같은 사회적 소외계층까지 교육대상에 포함시키게 된다. 이후 1980년대 포스트모더니즘 미술관 패러다임이 '대중화'를 표방하면서 교육대상의 범주가 세분화되고 확장되었다. 1980년대 이후 정보사회 또는 지식사회로 불리는 디지털사회로 진입하면서 과거 산업사회의 직업군에 비해 직업의 범위가 다양해졌다. 포스트모더니즘시대 미술관들이 대중화를 선언하며 미술관을 유휴공간의 이미지로 탈바꿈함으로써 교육대상에서 주변화되었던 서비스노동자, 블루칼라노동자, 그리고 그의 가족들이 포함되었다. 이러한 현상은 '대중주의'라는 포스트모더니즘 미술관 패러다임의 양상 중 하나로 미술관에서 관람객 확보를 위한 대중 서비스 차원에서 이루어진 결과이다.

　모더니즘시대는 학생과 교사라는 '전문가 교육'을 강조하면서 일반대중, 특히 지역사회의 소외계층과 도시 하층민들을 교육대상으로 인식하지 못했다. 그러나 포스트모더니즘시대는 관람객 개발을 목표로 미술관 관람객 층위가 다양해져 지역, 계층, 인종, 연령 등 과거보다 점진적으로 확대되고 세분화되고 있다.

3. 교육프로그램

1960년대 이후 NEA와 NEH의 전폭적인 지원을 받으며 미술관 교육프로그램이 확대되기는 했으나 기금을 인식한 소외계층 프로그램, 전시를 부각시키는 전시안내와 초등학교 프로그램이 강조되었을 뿐 일반 성인이나 비애호가층에 대한 프로그램은 여전히 개설되지 않았다. 하지만 1980년대 세계 경제침체로 예술과 문화를 지원해오던 NEA와 NEH의 예산이 삭감되자 미술관은 자체 수입을 늘리기 위해 관람객 확보로 나아가게 되고 그에 따른 대중교육의 확대로 나아가게 된다.

포스트모더니즘시기 미술관 교육프로그램은 1980년대 교육개혁을 거치면서 신미술사의 관점에서 교육연구와 개발에 대한 재검토가 이루어져, '의미 만들기'라는 새로운 미술관 교육의 목표를 설정하게 된다. 신미술사는 모더니즘 미술이 서구 백인 남성들의 기준에서 구축되어온 모더니즘적 산물이라는 것을 지적하며, 기존 미술사를 포스트모더니즘의 다양한 이론—포스트 구조주의, 서사학, 상호 텍스트성, 해체주의—을 통해 새롭게 해석하자는 미술사에 대한 문제제기였다. 신미술사는 작품에 대한 고정된 해석이나 객관화된 정보를 부정하고 문화이론에 근거한 다양한 해석의 가능성을 열어주었다. 신미술사의 관점에서 미술관의 작품과 관람자의 만남은 다양한 해석적 맥락의 활동을 의미했다. 여기서의 다양한 맥락들은 예술가의 사회적 환경, 작품해석의 역사, 관람자의 지식과 경험, 미술관의 제도적 실천들을 포함하고 있다. 초보자에서 전문가에 이르는 다양한 층위의 관람자들은 자신들의 경험적 여과과정을 통해 개별적으로 의미를 구축하게 되면서 새로운 '의미 만들기'를 발생시키게 된다. 이러한 미술관 교육에서 '의미 만들기'가 갖는 의의는 관람자가 미술작품을 이해하기 위해 자신의 경험과 지식을 투영하는 자기성찰적인 자세와 작품의 사회학적 맥락을 이해하기 위해 모든 제도적·문화적 맥락과 삶을 결부시키는 능동적인 사고를 갖게 한다는 데 있다.39)

포스트모더니즘 미술관 교육의 실천방안인 '의미 만들기'는 구성주의(constructivism)와 해석학(hermeneutics)을 이론적 배경으로 한다. 구성주의는 학습자가 스스로 지식을 구성해나간다는 학습자 중심의 교육방법으로, 해석학은 주관성에 기인한 해석 실천의 원칙으로 적용된 것이다. 해석학은 포스트모더니즘에서의 주관적 개념에서 출발한 새로운 해석이론으로 주관성은 개인의 문화적 맥락에서 새로운 정보와 상호관계에 의해 변화되며 형성된다는 관점이다. 두 이론을 배경으로 포스트모더니즘시대 미술관 교육프로그램은 다음과 같은 특징이 나타난다.

첫째, 관람자의 선행지식이나 경험과의 연계성을 강조한다. 학습의 가장 효율적인 방식이 익숙한 것과 관련된다는 측면에서 학습자에 대한 선행지식, 즉 학습자의 경험, 사고 등을 토대로 학습자에게 친근한 내용과 효율적인 교육방식으로 접근한다. 관람자의 선행지식이나 경험과의 연계성을 강조한 교육프로그램은 초등 저학년의 특성을 고려하여 개발된 리우의 페트로폴리스 임페리얼 미술관의 "공주와 함

---

39) Melinda M. Mayer(2007), pp.42~43.

• 피렌체의 어린이 미술관 교육프로그램, 2009년

께 오후를"의 사례에서 알 수 있다. 이 프로그램은 관람객 연구를 통한 전시 가이드 투어용으로 19세기 사회상을 재현한 전시를 초등학교 저학년 아이들에게 설명하는 교육프로그램이다. 어린이들이 미술관에 도착하면 미술관에서 살고 있는 두 명의 공주를 소개받게 된다. 공주는 당시의 고유의상을 입고 19세기 인물의 역할을 통해 학생들에게 그 시대의 생활과 공주의 생활 사이의 다른 점을 비교해보고 의문을 제기하도록 도와주는 역할을 하며 학생들과 역할 놀이를 한다.40) 전시를 효율적으로 전달하기 위해 교육대상의 지적, 감성적 시선에 맞춰 공주라는 매개를 사용한 것이다. 공주는 어린이들의 상상력과 집중력을 유도함으로써 어린이들로 하여금 스스로 지식을 습득하는 효과를 낳았다.

둘째, 관람자의 다양한 학습양식을 수용하고 학제적 접목을 통한 종합적 사고를 유도한다. 가드너(Gardener)는 다중지능이론41)을 통해

---

40) 미술관 교육-ICOM(1992), p.20.

41) 다중지능이론은 기존의 인간의 인지적 지능 위주에 대한 개념이 너무 협소함을 비판하면서 인간은 타고나면서부터 일곱 개의 기본적인 지능-언어, 논리 수리, 공간, 신체 운동감각, 음악, 대인관계, 자기이해 지능-을 갖고 있다는 것을 언급하고 있다.

개개인의 능력이 다름을 주장했다. 이것은 곧 학습자의 학습방식과 연결되는 지점으로 효율적인 학습효과를 위해 학제적 접근을 통한 교육프로그램이 필요한 것이다. 교육내용은 미술사에 국한하지 않고 다양한 학문과 접목시켜 미술을 통해 종합적인 사고를 유도한다. 또한 기존의 강의형식은 체험과 토론방식으로 변화된다.

미술관 소장품과 학습자의 학습양식을 고려하여 학습법을 개발한 사례는 스트라스부르 근대미술관의 '브라크 워크숍' 프로그램에서 찾을 수 있다. 스트라스부르 소장품인 브라크의 정물화를 이해시키기 위한 교육프로그램은 브라크 회화방식에 대한 설명을 듣고 전시를 관람한 후 실험적인 놀이를 하는 것이다. 이 프로그램의 목표는 평범한 오브제를 다양한 시각에서 분석하여 새롭게 발견하는 것이었다. 이 수업의 전개방식은 다음과 같다. 여러 시각으로 사물을 보고 한 화면에 재구성할 뿐 아니라 알고 있는 사물의 정보도 그려 넣었다는 브라크의 회화방식에 대한 설명을 들은 학생들은 큰 과일그릇이 담겨 있는 검은 상자를 구멍을 통해 들여다보게 된다. 상자 안은 여러 각도의 거울이 달려 있다. 학생들은 거울을 통해 과일그릇의 다양한 면을 관찰하게 되고 과일향기를 맡으며 그 과일을 먹는다. 일련의 탐구과정을 거친 후 학생들은 사물을 어떻게 보느냐 하는 그들의 시각에 따라 다르게 표현할 수 있다는 것을 깨닫고 그 다른 느낌을 그림으로 그려본다.[42]

셋째, 다양한 자료나 매체의 사용을 강조한다. 관람객의 다양성과 학습방식의 다양화에 맞추기 위해선 기존의 전통적인 교육방식은 적

---

[42] ICOM(1992), p.13.

• 7세 이하의 어린이들에게 미술작품을 이해시키기 위해 음악, 신체활동을 접목한 어린이 교육프로그램의 진행모습, 2011년

합하지 않다. 전시장의 설명판부터 교육자료, 실기기법과 재료 등이 효율적인 학습을 위해 개발된다. 무엇보다도 디지털 기술이 도입되면서 인터넷상의 교육이 활성화되고 있다.

테이트모던미술관은 온라인 미술관 교육을 활발하게 실시하고 있는 곳이다. 전문가 교육으로 15세부터 23세까지의 학생들을 위한 교육프로그램이 집중적으로 개발되어 있고, 온라인상의 교육프로그램은 어린이부터 성인, 시각장애인에 이르기까지 다양한 프로그램들이 활성화된 것이 특징이다. 전시와 현대미술의 이해를 돕기 위한 가상 전시 투어를 비롯한 온라인에서 실시되는 프로그램들은 미술관에 자주 올 수 없는 관람객에게도 전시와 전시 투어를 가능하게 하고 있다.

넷째, 지역사회와 상호작용을 강조한다. 지역사회의 공익적 역할을 담당한다는 포스트모더니즘 미술관 교육의 철학적 관점에서 포스트모더니즘시대 미술관 교육이 지향하는 '의미 만들기'는 미술관 교육을 통해 관람자들이 개인의 감각적 만족이나 경험으로 머무르게 하지 않고, 관람객이 자신의 주관성을 토대로 작품의 해석을 통해 사회적 질서 속에서 자신의 위치를 재정의하고 자신이 속한 지역을 새롭게 인식하게 하는 데 중점을 두고 있다.[43] 미술관이 설립되기 전부터

교육을 실시해온 클리블랜드
미술관은 지역사회 연계프로
그램을 강조하고 있다. 특히
학제적 접근, 다문화 미술교육
등의 포스트모더니즘 미술교
육의 다양한 방법들을 적용하
였다. 지역공동체인 공공센터,
교회, 학교, 지역축제와 연계
된 프로그램을 기획하여 계절

• 테이트모던미술관의 청소년을 위한 on line 학습홈페이
지. Ophelia 작품을 다각도에서 접근할 수 있게 하여 온
라인상에서도 작품이 충분히 학습될 수 있음. 2012년

마다 다양한 장르의 문화적 활동과 이벤트를 통해 지역민과 미술관
이 친숙해질 수 있는 계기를 만들고 있다.

다섯째, 시각적 문해력을 길러 비판적 사고를 유도한다. 포스트모
더니즘 미술은 현대사회의 제반 현상에 대한 문제제기를 하고 사회
적, 정치적, 역사적 담론들을 시각문화로 쟁점화한다. 이러한 맥락에
서 미술관 교육도 다양한 문화현상들의 의미를 이해하고 비판하는
사고력을 기르는 것이 목표이다. 뉴욕근대미술관은 1988년부터 전문
가 교육프로그램에 시각적 문해력을 기르기 위한 연구를 실시하여
학생들의 비판적 사고능력을 개발시키고 있다. 비판적 사고능력을 기
르는 프로그램은 시각적 사고 교육과정(Visual Thinking Curriculum:
VTC)을 도입하여 학습자의 관찰력, 분석력, 추리력, 독창적 표현력,
역사적 지식 등을 다루고 있다. 포스트모더니즘시대 교육프로그램은
지식에 대한 인식론적 변화, 신미술사, 포스트모더니즘 담론, 관람객

---

43) Melinda M. Mayer(2007), p.42.

● 뉴욕현대미술관에서 실시하고 있는 10대들을 위한 교육현장

연구를 배경으로 발전되었다. 하지만 포스트모더니즘 미술관 패러다임의 맥락에서 대중교육 프로그램들이 다양하게 개발되고 있는 반면 상대적으로 전문가 교육의 프로그램들은 다소 부진하게 전개되는 현상을 보여주고 있다.

PART 03

한국의
미술관 교육

서론

서구의 미술관이 사회교육 기관으로 그 역할을 규정함으로써 미술관 교육은 시각교육의 역사에 영향력 있는 제도로 기능해왔다. 서구의 미술관 패러다임은 역사적으로 '전문성'과 '대중성'이라는 두 가지 측면에서 그 성격이 강조되거나 약화되면서 미술관 교육의 원칙도 이러한 패러다임의 맥락에서 변화되어왔다. 모더니즘 미술관은 과도하게 추구했던 예술성 때문에 대중과 소통할 수 없었고, 미술관 교육도 전문가 중심의 교육이 강조되었다. 반면 포스트모더니즘시대 미술관은 관람객 확보를 위한 대중성을 강조하면서 대중교육이 확대되었다. 하지만 포스트모더니즘시대 미술관 교육은 포스트모더니즘 미술관의 상업적 이윤을 목적으로 하는 대중주의 때문에 미술관 고유의 예술적 전문성을 훼손시킬 여지가 크다는 측면에서 연구와 논의가 이루어지고 있다. 반면 한국의 미술관은 서구와 다른 사회적 배경에서 서구적 문화인 미술관이 도입되었다. 한국 미술관은 시기적으로도 서구 미술관 패러다임의 두 축인 '전문성'과 '대중성'이 시차 없이 수용되면서 여러 가지 시행착오를 겪어왔다. 한국 미술관의 역사와 미술관 교육은 한국의 미술관 문화를 선도해온 국립현대미술관을 중심으로 전문성과 대중성이라는 서구의 두 패러다임의 관점에서 다루고자 한다.

제1장 | 한국의 미술관

1. 한국 미술관의 역사

한국 최초의 공공미술관은 이왕가미술관(1911)이다. 이왕가미술관은 일제강점기 일본에 의해 조선의 권위를 격하시키려는 정치적 음모로 설립되어 일반 대중에게 개방되었다. 당시 명정전의 북쪽에 신축한 고전주의 풍의 2층 건물에서 개관하게 된 이왕가미술관은 당시 왕실 소장품의 수가 12,230점에 이르러 국민들에게 소장품을 공개한다는 전제로 설립되었다. 왕실 소유의 소장품을 국민들에게 공개한 이왕가미술관은 루브르미술관과 같은 근대적 개념의 공공미술관의 역사적 선상에서 논의될 수 있다.

19세기 말부터 미술관 설립이 이루어졌던 일본은 그동안의 연구성과를 토대로 일본의 전문적 인력을 투입하여 이왕가미술관을 운영하였다. 해방 후 이왕가미술관은 1953년 부산에서 '제1회 현대미술작가

• 이왕가미술관 내부, 1940년

초대전'을 개최하여 당시 미술의 현황을 보여주기도 했고, '한국 근현대 회화 50년 전'을 통해 한국미술의 체계를 정립하고 당시 현대미술을 소개하는 공공미술관으로서 기능을 했다. 반면 이왕가미술관은 일제강점기를 미화시키고 식민지 지배이데올로기를 개발하기 위한 정치적 도구로 활용되었다는 측면에서 한국 역사의 정체성을 유명무실화시키고 일본에 한국의 종속성을 강화시키는 장치로 작용되었다.1) 이왕가미술관은 1946년 '덕수궁미술관'으로 바뀌었고, 1969년 국립중앙박물관으로 흡수되었다.2) 1936년 덕수궁에 이왕가미술관이 착공되던 그해 우리나라 최초의 사립미술관인 간송미술관이 서울 성북동에서 근대적 시설을 갖추어 개관하였다. 간송미술관은 당시 해외로 유출되는 수많은 한국의 문화재를 수집하고 보존함으로써 한국 사립미술관 역사에서 큰 의미를 지녔다. 컬렉션의 수준에서 간송미술관은 우리나라 최초의 전문성을 강조한 사립미술관이었다.3) 이왕가미술관이 국립중앙박물관으로 흡수되자 1969년 덕수궁에 근현대미술의 산실로서 막중한 임무를 갖고 국립현대미술관이 설립되었다. 국립현대미술관은 1960년대 등장한 군사정권의 문화정책 일환으로 설립되었다. 한국은 1960년대까지 경

1) 정준모(2003), "한국 근현대미술관사 연구-국립미술관에 대한 인식과 제도적 모순의 근원을 중심으로", 『현대미술관연구』, 제14집, pp.5~14.

2) 김재원(1991), 『경복궁의 야화』, 탐구당, pp.39~40.

3) 국립현대미술관(2004), "미술관의 기능과 역할", 『미술관 연보』, 국립현대미술관, p.127.

제성장에 집중해 문화정책은 문화유산의 보존과 관리에 한정되어 있었고 동시대 문화예술의 진흥을 위한 실질적인 투자는 이루지지 않고 있었다. 군사정권시대 문화유산의 보존과 계승을 통한 민족정체성 확립이라는 문화정책의 일환으로 설립된 국립현대미술관은 근현대 미술품을 위한 공간으로 정권홍보의 구실을 담당하였다.[4]

이러한 정치적 설립배경에도 불구하고 소장품이 없이 전시공간의 기능만 갖고 출발하게 된 국립현대미술관은 사실상 국전을 개최하기 위한 목적이 가장 컸다. 당시 국립현대미술관은 미술관의 공공성이나 전문성을 논의할 정도의 기능을 갖추지 못하였다. 예술가들의 국전(대관전)을 위한 공간에 불과했다. 대중을 위한 공공미술관의 개념을 세운 루브르미술관도 혁명세력의 정치적 목적으로 설립되어 그 대상은 일반 대중에게 있었고 전시는 대중교화를 목표로 이루어졌다. 하지만 한국의 국립현대미술관은 전문 미술가들의 예술진흥을 위한 목적으로 설립되었다. 국립현대미술관이 전문 미술가를 위한 미술관이었음에도 불구하고 당시로서는 전문성을 다질 수 있는 인력이나 시스템을 갖추고 있지 못했다. 당시 이 미술관은 관장부터 모든 직원이 미술과 관련 없는 행정직 공무원으로 조직이 이루어져 미술관의 전문적 기능과 역할을 기대할 수 있는 상황이 아니었다. 설립초기 국립현대미술관은 미술관의 공공성과 전문성 모두 간과되었다. 국립현대미술관이 전문미술관으로서 운영되어야 한다는 미술계의 요구가 높아짐에 따라 미술관 설립 9년 뒤인 1979년「박물관법」이 제정되었다. 이 법안에는 박물관의 정의와 학예직원의 배치, 박물관 요건, 심사,

---

[4] 송호영·이충훈(2008), "지역문화 진흥법안의 탄생배경",『지역 문화예술 진흥을 위한 법제연구』, 한국문화예술진흥위원, p.24.

● 경기도 과천의 국립현대미술관 전경, 1992년

등록사항의 변경 등의 규정이 포함되어 있었다.5) 미술관의 전문성
확보를 위한 규정이 마련되자 국립현대미술관은 한국 예술의 저변
확대와 현대미술의 구심점 역할을 수행할 전문 자문단인 '현대미술
관회'를 구성하였고, '현대미술관회'가 미술관의 전시기획과 교육업
무를 대행하게 되었다. 이후 1987년에 문화진흥 정책을 수립할 때에는
반드시 문화예술인의 의견을 반영하는 법 개정이 이루어지고, 최초로
미술 전문인 이경성6)이 국립현대미술관 관장으로 취임하게 된다. 전
문가 관장의 취임으로 국립현대미술관은 전문 미술관으로서의 기능
을 하나씩 갖춰 나가기 시작했다. 국립현대미술관이 본격적인 미술관
의 외연을 갖추기 시작한 것은 1986년 과천으로 이전하면서이다. 과

---

5) 이 「박물관법」은 일본의 「박물관법」을 모방한 것으로서, 국제박물관협회(ICOM)가 정의한 미술관 개념과 차
   이가 있었다.
6) 이경성(1919~2009)은 와세다 대학에서 미술사를 전공한 한국의 1세대 미술비평가로 한국의 근현대미술
   사를 체계화한 인물이다.

천국립현대미술관은 대규모 전시공간과 수장고, 공연장, 강연장 등의 시설이 있는 국제적인 미술관 규모를 갖추고 전문 학예사를 영입하였다.

그러나 1990년대 중반까지도 한국의 문화정책은 미술관이 제 기능을 할 수 있는 여건을 만들어주지 못했다. 1992년 취임한 12대 관장인 임영방은 당시 미술관의 상황을 다음과 같이 설명했다.

> 상식적으로 본다면, 미술관 운영이라는 것이 다섯 가지 기본원리 밑에서 움직여지는 건데, 내가 들어가 보니까 미술관의 원리니 운영방법이니 하는 것을 적용해야 될 만한 그런 미술관 상황이 아니었습니다. 첫째는 그 이유가 완전히 직업 관리들에 의해서 미술관이 운영되고 있는 상태였고, 그러다 보니 학예사들의 존재가 완전히 무시된 상태의 미술관이었다는 것입니다. 두 번째로 중요한 문제는 예산이 운영될 수 있을 정도의 최소한의 액수도 전혀 안 됐다는 얘기입니다. 세 번째 큰 문제는 미술관이라는 그 자체에 대한 기본적인 개념 자체가 아무에게도 없었다는 것입니다. 미술관 자체에서 개선해야 되는 의식이 있어야 하는데, 그런 의식조차도 없었으니까 도대체가 일을 할 수 없는 상태였습니다.[7]

1990년대 들어 전문가 출신의 관장들은 국립미술관으로서의 위상 확립을 위해 소장품 구입과 전시기획에 주력하였다.[8] 2000년대 초까지 국립현대미술관은 미술관의 전문성 구축에 집중해왔고 이런 점에서 모더니즘 미술관을 추구했다고 볼 수 있다. 그러나 국가를 대표하는 미술관으로서 목표와 비전에 대한 공개적인 논의나 합의가 없었

---

[7] 국립현대미술관(2006), "국립현대미술관 역대 관장 인터뷰-임영방", 『현대미술관 연구』, 제17집, 국립현대미술관, p.6.

[8] 12대(1992~1997) 관장인 임영방은 소장품 구입에 역점을 두었고, 13대(1997~1999) 관장인 최만린은 한국근현대미술의 체계적 정립에 역점을, 14대(1999~2000) 관장인 오광수는 한국현대미술을 선도하기 위한 미술관 전문성 구축에 역점을 두었다. 국립현대미술관(2006), "국립현대미술관 역대 관장 인터뷰", pp.3~25.

고,9) 전문인력이 부족한 상태에서 충분한 연구와 토론을 거치지 않고 진행됨으로써 전시 등에서 전문성이 문제시되었다.10)

국립현대미술관 이후 1979년 개관한 한국문예진흥원의 미술회관은 미술 부문의 발표회장으로 지방 작가와 젊은 작가들을 위해 활용되었고 이후 사립미술관의 설립의 기폭제가 되었다. 1980년대 이후 청년작가들과 현대미술 전시를 위한 공간으로 서울시립미술관(1988)이 설립되고, 지방문화원법이 제정되면서 부산(1998), 대전(1998) 등의 각 시도에 들어섰다. 한편 1992년 박물관법이 「박물관 및 미술관 진흥법」으로 개정되었다. 박물관과 미술관이 분리되고 사립미술관 건립이나 운영에 관한 규정이 약화되고 세제혜택이 보장되면서 사립미술관들이 급증하게 되었다. 호암미술관(1982, 현재 리움미술관으로 변경) 이후 1990년대 들어 선재미술관(1991), 대림미술관(1996), 금호미술관(1996) 등 기업에서 운영하는 미술관과 환기미술관(1992), 성곡미술관(1996) 등 사립미술관 설립도 크게 증가하였다.

국립현대미술관은 2000년대 들어 모더니즘 미술관으로서 전문적 기능을 제대로 갖추지도 못한 채, 서구의 포스트모더니즘 미술관의 패러다임을 수용하여 대중주의를 표방하게 된다. 2003년 김윤수 관장이 취임하면서 국민을 위한 미술관으로 운영방향을 설정하고 포스트모더니즘 미술관 패러다임을 표방하게 된다.11) 국립현대미술관이 향

---

9) 『2005년 백서』를 보면 건립 당시 미술관의 목표는 "국민의 정서순화와 새 문화 창조에 기여함으로써 국내외에 우리 민족이 문화민족임을 선양하는 데 있다"고 매우 추상적이고 애매하게 되어있어 미술관의 목표와 비전이 불분명하다.

10) 2005년의 경우 15명의 학예직으로 연 13회의 전시(소장품 특별전 7건을 포함하면 총 20건)를 하였다고 하는데 이것은 제대로 된 전시를 하기 위해서는 지나치게 많다는 인상을 준다. 그리고 2005년 전시된 「한국미술 100년」의 경우 한국근대미술을 전공한 학예사 없이 진행되었다. 장엽, "미술관과 미술연구: 국립현대미술관 사례분석", 『현대미술관 연구』, 제16권, p.41.

11) 김윤수 관장은 재임시작부터 이용자 중심의 운영방침을 내세우며 대중을 위한 미술관을 목표로 설정한다.

유자 중심으로 운영방침을 전환하게 된 것은 2003년 '새예술정책'[12]과 관련되어 있다. 이러한 정책변화는 빌바우 구겐하임미술관과 같은 문화산업으로서 미술관의 가능성을 인식했기 때문에 나타난 것이다. 국립현대미술관은 조직 면에서 2006년부터 책임운영기관으로 전환하였다.

일반적으로 미술관의 전문성을 가늠할 수 있는 몇 가지 기준은 관장의 역량, 전문성을 갖춘 학예인력, 소장품의 양과 내용으로 판단할 수 있다. 하지만 이러한 몇 가지 기준을 하나도 갖추지 못하고 설립된 국립현대미술관이 전문성을 확보하기에는 부족한 설립 후 20년도 되지 않아 포스트모더니즘 미술관 패러다임을 수용한 것은, 일방적인 대중주의로 치중될 수 있는 위험성을 내포하고 있는 것이다. 무엇보다 국내 공립미술관 문화를 주도하고 있는 국립현대미술관의 이러한 변화는 국내 미술관 패러다임의 전환점을 마련하였다.

2. 한국 미술관의 현황

이하에서는 2008년의 통계자료를 바탕으로 오늘날 국내 미술관의 현황을 전문성과 대중성을 중심으로 파악해 보고자 한다.[13] 국내 미

국립현대미술관(2006), "국립현대미술관 역대 관장 인터뷰". 『미술관 연구』, 제17집』, 국립현대미술관, pp.24~27.

12) 참여정부가 내세운 예술행정지원 체제의 개편을 의미하는 '새 예술정책'의 기본방향은 향유자 중심의 예술활동 강화와 예술창조, 예술의 자생력 신장, 열린 예술행정 체계 구축이라는 이용자 중심의 맥락에서 이루어짐으로써 미술관의 방향을 전환시킨 것이다. 송호영·이충훈(2008), 위의 글, p.24.

13) 이 부분은 2008년 조사하여 2009년 출판된 『전국 문화 기반시설 총람』에서 조사한 한국의 등록된 공사립미술관의 통계자료를 바탕으로 정리되었다. 따라서 2009년 개관된 제주도립미술관이나 2010년 준공된 대구시립미술관 등은 포함되지 않는다. 통계자료는 한국 미술관의 현황을 파악할 수 있는 길잡이가 될 것이다.

술관은 전국 문화 기반시설로 등록되어 있어 미술관은 「박물관 및 미술관 진흥법」에서 위임된 사항과 그 시행에 필요한 사항을 준수하고 있다. <표 3-1>을 보면 2008년 현재 등록된 한국의 공사미술관 수는 총 128개로서, 미술관의 수나 역사 등 전반적으로 서구 미술관에 비해 신생 미술관이라는 특징이 있다. 1979년 이전에 개설된 것은 3%에 불과하며 나머지 97%는 1980년대 이후에 개설되었으므로 대개 30년이 채 되지 않는 역사를 갖고 있다. 특히 2000년 이후 가장 최근에 개설된 미술관의 비중은 미술관 수에서 61%, 소장품 수에서 42%, 연간 관람객 수에서 49%를 각각 차지하고 있다.

• **표 3-1.** 한국 미술관의 개관연도별 미술관 수, 소장품 수, 연간 관람객 수 분포(2008)

개관 연도	미술관 수(개)		소장품 수(점)		연간 관람객 수(명)	
1979년 이전	4	3%	16,416	14%	842,000	10%
1980~1989년	8	6%	6,377	5%	1,572,568	18%
1990~1999년	38	30%	46,574	39%	2,048,079	24%
2000년 이후	78	61%	50,315	42%	4,218,165	49%
계	128	100%	119,682	100%	8,680,812	100%

미술관의 설립방향과 성격규정은 수집품에 기반을 두고 있으므로 소장품은 그 미술관의 성격과 방향을 드러내주는 척도가 된다. 또한 미술관의 소장품은 전시를 구현시키는 매개물이자 소통적 관점에서 관람객과 소통하는 매체로서 관람객과 함께 미술관 존립의 핵심요소이다. 현재 국내 미술관의 대중성과 전문성 현황을 통계자료화된 수치를 통해 가늠할 수 있는 대략적인 척도로는 각 미술관의 소장품 수, 관람객 수를 통해 가늠할 수 있다.

<표 3-2>는 한국 미술관의 소장품 수의 분포를 나타낸 것이다. 일

반적으로 우리가 알고 있는 유명미술관인 뉴욕근대미술관이 15만 점, 영국 런던의 테이트미술관이 6만 5천 점, 프랑스 파리의 퐁피두센터가 6만 점 정도의 소장품을 보유하고 있고 미국의 각 주립미술관들도 1만 점 이상의 소장품을 보유하고 있다는 사실과 비교해볼 때 국립현대미술관을 비롯한 한국 미술관의 소장품은 매우 빈약한 형편이다. 소장품 수의 기준을 1,000점으로 보았을 때 소장품이 1,000점 이상인 미술관은 28%이고 과반수 넘는 미술관들이 1,000점 이하의 소장품을 보유하고 있다는 사실에서 한국은 전문성을 갖추고 있는 미술관이 상대적으로 적다는 것을 알 수 있다.

● 표 3-2. 한국 미술관의 소장품 수 분포(2008)

소장품 수(점)	미술관 수(개)	비율
100 미만	7	5%
100~199	35	27%
200~499	37	29%
500~999	20	16%
1,000~1,999	15	12%
2,000~4,999	8	6%
5,000~9,999	6	5%
계	128	100%

한국의 미술관은 소장품의 양적인 측면에서 영세성을 면치 못하고 있다. 소장품 수가 5,000점을 넘어서는 미술관은 5%에 불과하고, 1,000점 미만인 미술관이 77%로 대부분을 차지하고 있다. 이것은 대다수 미술관의 경우 역사가 짧을 뿐더러, 포스트모더니즘시대에 설립되었다는 사실과 연관된다. 대다수 한국 미술관은 미술관의 기본적인 임무인 수집, 연구, 보존, 교육, 전시라는 본연의 기능에 집중하기보

다는 수집품 없이 전시나 대관, 이벤트성 행사 등을 통한 관객개발을 하려는 포스트모더니즘 미술관으로 성격을 표방하고 있다. 전통적으로 미술관을 방문하는 관람객은 소장품을 보러오는 것이다. 미술관은 소장품을 기반으로 한 전시, 교육을 통해 관람객 서비스를 실천하고 문화 서비스를 실현한다. 한국 미술관의 소장품 부족은 궁극적으로 미술관의 전문성뿐만 아니라 대중성까지 저해하는 요인이 될 수 있다는 것을 간과하고 있다.

● 표 3-3. 한국 미술관의 연간 관람객 수 분포(2008)

연간 관람객 수(명)	미술관 수(개)	비율
1,000 미만	12	9%
1,000~1,999	5	4%
2,000~4,999	19	15%
5,000~9,999	19	15%
10,000~19,999	19	15%
20,000~49,999	25	20%
50,000~99,999	11	9%
100,000~199,999	7	5%
200,000~499,999	6	5%
500,000 이상	5	4%
계	128	100%

<표 3-3>은 한국 미술관의 연간 관람객 수 분포를 나타낸 것이다. 포스트모더니즘시대 미술관의 중요한 목표가 관람객 개발이라는 점에서 한국 미술관의 연간 관람객 수 분포표는 한국의 미술관이 포스트모더니즘 미술관의 면모를 보여주고 있다. 한국의 연간 관람객 수가 500,000명 이상인 곳은 4%에 불과하며, 100,000명 미만인 미술관이 81%를 차지하고 있다. 하루 평균 관람객이 300명 이하인 미술관

이 전체의 4/5를 차지하고 있는 것이다. 연간 관람객이 10,000명 미만인 미술관, 즉 하루 평균 30명 미만인 미술관도 전체의 28%나 된다. 연간 100,000명 이상의 관람객이 방문하는 미술관 18곳은 소장품 수가 1,000점 이상인 29곳 미술관에 포함되어 있다. 미술관의 전문성은 곧 미술관의 대중성 확보와도 연결된다는 점을 알 수 있다. 이러한 사례는 서구의 미술관들을 통해서도 입증된다. 150,000점의 소장품을 보유한 뉴욕근대미술관이 연간 관람객 2,500,000명이고, 63,000점의 소장품을 보유한 테이트미술관에 연간 2,000,000명의 관람객들이 방문하고 있다. 한국 미술관의 소장품, 관람객 현황 통계자료를 통해 대부분의 국내 미술관은 전문성과 대중성 두 측면에서 모두 취약하다는 것을 알 수 있다. 국내 미술관의 이러한 현황은 미술관 관련 정책, 운영과 조직 등 미술관 내외 환경문제를 반영하는 것이다. 국공립미술관의 경우 조직의 모양새를 갖추고는 있으나 조직의 효율성이나 행정의 합리성이 부진하여 미술관 기능이 활성화되지 못하고 있다.[14] 1990년대 미술관법이 개정되면서 급증한 사립미술관은 국내 미술관의 80% 이상을 차지하고 있다. 그러나 재정적으로 안정된 기업미술관을 제외한 개인이나 법인에 의해 설립된 사립미술관은 재정적 어려움으로 소장품과 전문인력을 갖추지 못하고 있어 한국 사립미술관의 전문성 확보가 지체되고 있다. 『전국 문화 기반시설 총람 2008』의 통계에서 나타난 사립미술관들은 미술관협회(ICOM)에서 규정한 기본적인 전시, 연구와 교육의 기능을 제대로 수행하지 못하고 있으며 이것은 곧 관람객 확보의 어려움으로 연결되는 악순환 속에 있다. 한

---

[14] 국립현대미술관(2007), 『미술관 진흥 비전 2020』, 국립현대미술관, pp.14~15.

편 국내 미술관 현황에서 지역적 편중성도 지적할 필요가 있다. 서울, 인천, 경기 지역에 등록된 미술관 수가 56개로, 한국의 미술관들은 수도권에 집중 분포되어 있다. 서울의 미술관 수가 40개로 부산(3), 광주(6), 대전(4), 인천(3)과 같은 대도시와 비교해 격차가 크다. 인구 250만이 밀집한 대도시인 대구에는 2010년까지만 해도 미술관이 한 곳도 없었다. 수도권과 비수도권 지역이라는 지역 불균형적 현상도 현재 한국 미술관이 해결해야 될 과제로 볼 수 있다.

제2장 | 한국의 미술교육

한국의 미술교육은 일찍이 서구의 근대 교육제도를 수입하였던 일본 미술교육의 도입을 통해 타율적으로 시작되었다. 일본의 지배라는 역사적 배경 속에 자생적인 미술교육 원리나 이론이 아닌 이식된 미술교육에 기반을 둠으로써 미술교육에 대한 해석적 오류와 인식적 편향도 일부 존재하였다. 그동안 국내 미술교육은 시기적으로 개화기부터 해방까지의 모더니즘 이전 미술교육 시기, 해방 이후 제6차 교육과정인 1999년까지의 모더니즘 미술교육 시기, 제7차 교육과정인 2000년 이후의 포스트모더니즘 미술교육의 모색기로 구분해서 살펴볼 수 있다. 첫째, 모더니즘 이전의 미술교육부터 살펴보기로 한다. 한국의 미술교육은 갑오개혁의 이듬해인 1895년 소학교령에 따라 심상 및 고등과의 교과목에 도화과를 도입하면서 시작된다. 전통적인 도제 교육방식이 근대적 교육개혁에 의해 학교라는 제도 속에서 실시되자 도화과로 개설된 것이다. 당시 도화과는 일본에서 해석한 페스탈로치의 사실주의 교수법을 도입하여 직업상의 실용성과 기능주의를 강조하는 입장에서 실시되었다. 한국의 미술교육의 시발점이었던 도화과의 미술교재로 사용되었던『도화임본』(圖畵臨本)15)은 일본에서 1871년 가와카미가 영국의 로버트(S. Robert)의 *The Illustrated book*을 번역한『세이카신난』과 유사하다.『세이카신난』이 점, 선, 형태, 명암의 순서대로 어떻게 그리는지를 설명하고 있고,『도화임본』이 단순한 기하학적 패턴인 직선과 곡선에 의한 평면과 간단한 입체물, 원근감을 윤곽 드로잉의 교수법을 보여준다는 점과 원저서의 저자가 영국인이라는 사실에서 정확한 대상의 묘사를 통해 지적 발달을 이루는 데 미술교육의 목표를 두고 있는 페스탈로치 이론에 입각해 있었다.16)

단순한 기하학적 직선과 곡선, 각, 평면 및 입체, 도형, 그리고 장식적 형태로 시작하는 페스탈로치 이론에 입각한 사실주의 교수법은 계몽주의 철학의 이성을 강조하고 계발하는 교육이다. 이러한 페스탈로치 미술교육의 개념은 1907년 일본의 문부성이 발표한 드로잉 목표였던 "어린이들이 일상생활에서의 물체를 명확하게 보고 정확하게 그리는 능력을 기르게 하기 위하여, 미감을 기르기 위하여"에서 나타나고 있으며, 당시『도화임본』이 편찬되기 전 1906년 학부령 제23호에 공포된 시행규칙의 교수요지에도 나타나 있다.

통상의 형체를 간취하여 眞像을 화할 능력을 득케 하고 겸하여 미감을 養함으로 요지를 함이라 간단한 형체로부터 점진하여 실물

---

15) 모사를 위한 사생화 교재로서 표현주의 미술교육이 도입되기 전 1937년까지 교과서로 사용되었고 광복 이전 학교 미술교육의 주요 교수법으로 활용되었다.

16) 박정애(2000), "1945년부터 1999년까지의 한국미술교육의 목표",『미술과 교육』, pp.42~43.

혹 畵帖에 就하여 교수하고 又 자기의 透理로 화케 하고 혹 간이
한 幾倜畵法을 교수함도 有함이라.17)

당시 교육제도에서 도화과는 갑오개혁 이후 일본에 의해 강제 개
방된 개화정책의 일환으로 해석될 수 있다.18) 또한 한국 최초의 미술
교육이 사실주의 교수법에 입각하여 실시된 것은 영국에서 산업인력
양성을 위해 미술교육을 학교교육에 도입한 것과 궤를 같이한다고
볼 수 있다. 도화과의 성격은 이후 일제강점기인 1938년 일본에 의해
재해석된 표현주의 미술교육의 도입으로 기존의 '자재화'라는 교과
과정이 '표현교재', '감상교재', '설화교재'로 나누어졌다. 하지만 도
화교육과의 목표는 초기 '조선교육령'의 목표인 형체를 관찰해서 정
확히 모사해낼 수 있는 사실주의 교육을 통한 기술습득이었다.19)

둘째, 한국의 모더니즘 미술교육에 관해 살펴보기로 한다. 한국의
모더니즘 미술교육은 일제강점기에 도입된 표현주의 미술교육의 토
대 위에 해방 후 미국에 의해 도입된 진보주의 미술교육이 결합된 틀
속에서 진행되었다. 모더니즘 미술교육의 목표인 '창의성 교육'은 일
본에서 재해석된 표현주의 미술교육을 배경으로 한다. 1938년 일제강
점기 조선총독부가 개정한 『초등도화』(初等圖畵)에서 비롯된 새로운
미술교육은 1952년부터 한국교육의 이론과 교수법을 제공하기 위해
내한한 미국 피바디 사절단에 의해 표현주의 미술교육으로 확립된다.
치젝의 표현주의 미술교육 이론과 듀이의 진보주의 교육이론이 결합
된 미술교육이었다. 해방 이후 한국전쟁 기간까지는 공식적인 교육과

---

17) 박휘락(1998), 『한국미술교육사』, 예경, p.360.
18) 박휘락(1998), pp.19~24.
19) 박휘락(1998), pp.25~29.

정 자체가 없었다. 한국전쟁 이후 미술교육은 기존의 교육의 한계를 넘어선다는 명목으로 새로운 정부의 정치적 이념 혹은 시대정신을 반영하여 변화되어 왔다. 제6차 교육과정에 이르기까지 한국 미술교육은 기존의 교육철학이 혼합된 틀 속에서 이루어졌다. 모더니즘 미술교육은 '표현활동을 통하여 사람들의 정서와 감성을 개발한다'는 수단으로 간주되었고, 미술교육의 목표는 사람들의 일상생활과 사회 전체의 질을 향상시킨다는 목적으로 미적 태도를 개발에 두었다.[20]

박정애의 연구에 의하면 1945년부터 1999년까지 한국 미술교육 과정은 일본인이 해석한 서양의 19세기 이론을 포함한 20세기의 미술교육 운동이 혼합되어 성립되었다.

> 첫째, 감상파트에 응용된 러스킨의 자연미와 미술품의 감상
> 둘째, 사실화, 관찰표현, 정밀묘사, 데생 또는 소묘의 실기에서 예증된 17세기부터 19세기까지 성행했던 아카데미 미술
> 셋째, 상상하여 나타내기, 느낀 대로 그리기의 표현주의 미술
> 넷째, 웨슬리 도우의 디자인의 요소와 법칙의 각색인 조형적 요소와 원리
> 다섯째, 공작에서의 용구와 도구의 사용, 다향한 매체표현 등으로 구체화된 1920년대의 바우하우스의 형식주의 미학운동
> 여섯째, 미술과 생활, 포스터 만들기, 환경미화, 환경 꾸미기 등의 프로그램으로 나타났던 미국에서 1930년대부터 1960년대까지 성행했던 일상생활에서의 미술을 강조하였던 실용주의 미술이론[21]

한국의 모더니즘 미술교육 내용은 서구의 미술교육 이론에 내재된

---

20) 『한국 교과교육과정의 변천: 중학교』(1990), 대한교과서주식회사, p.128.

21) 박정애(2001), "한국미술교육과정의 특징과 포스트모던 교육과정의 수용에 관한 고찰", 『미술과 교육』, pp.98~99.

사실주의 미학, 도구주의, 표현주의, 형식주의 미학들과 관련되어 있다. 이렇게 혼합된 서구미술의 미학과 이론들을 통해 미술교육이 지향하는 목표는 개인의 창의성 향상, 개성과 정서의 함양을 통해 삶의 질을 높이는 데 있었다. 한국의 모더니즘 미술교육은 사회적 변화와 별개로 개인의 자아표현을 위한 미술 실기를 강조해왔다. 교사들은 학생들에게 창의적인 예술적 능력을 일상생활에 응용 또는 활용하도록 지도했고, 미술작품의 감상은 학생들의 예술적 취향을 향상시키는 수단으로 이해되었다.[22] 한국의 모더니즘 미술교육은 표현주의 미학과 도구주의 미학을 전제로 개인의 '창의성'에 가장 높은 가치를 두었다. 그러나 이러한 미술교육의 목표와 교육현장에서의 괴리가 나타났다. 한국전쟁 이후 기존의 교육에 변화를 모색하고자 했던 교육계는 미술이 인성을 계발하고 정서를 순화시키며 창의력을 기를 수 있다는 관점에서 제2차 교육과정에 로웬필드 이론을 수용했고 이후 제6차 교육과정에 이르기까지 유사한 교육목표의 방향을 수립해왔다.[23] 하지만 창의성 개발을 위한 미술교육에 대한 이론은 실천에 있어 한계가 있었다.

'창의성' 개념은 독창성의 표출로 일반적으로 체계적인 학습을 통해 이루어지는 것이 아니라 한 규범이나 법칙을 초월하거나 이를 변화시키는 특성과 관련되어 있다. 그러나 그러한 창의적 개념을 실천할 수 있는 교사들의 인식적인 한계와 창의성을 평가할 객관적인 기준이 모호하며, 창의성을 위한 교수법 또한 학생들에 따라 유동적이

---

22) 박정애(2001), p.99.

23) 박정애(2005), "교육과 미술교육에서의 패러다임의 변화: 인간중심에서 문화중심으로", 『미술과 교육』, pp.2~6.

라는 측면에서 현실적으로 실행될 수 없었다. 결과적으로 입시 위주로 흘러온 한국 교육의 흐름 속에서 창의성을 강조하는 미술교육의 위치는 점점 축소되고 교육적 효과조차 발현되지 못하는 상황으로 귀결되었다. 1999년 제6차 교육과정에 이르기까지 창의성 중심 미술에 기반을 둔 창의성은 미술교육의 지도원리로 가장 중요한 가치로 인식되었으나 정작 현실에서는 창의적 교육이 이루어지지 못했다는 평가를 받게 되었다.

셋째, 한국의 포스트모더니즘 미술교육에 관해 살펴보기로 한다. 한국 미술교육은 포스트모더니즘 문화의 등장과 함께 창의적 미술교육에 반하는 새로운 교육목표를 내세우게 되었다. 제7차 교육과정은 제6차 교육과정까지 강조한 개인의 창의성에서 벗어나 미국에서 대두한 미술교육 이론인 DBAE를 새로운 이론적 배경으로 삼았다. 미술도 가르쳐야 할 학문으로 간주되면서 의미를 읽고 이를 표현할 수 있는 능력을 기른다는 "시각적 문해력"이 미술교육의 새로운 화두로 제시되었다. 제7차 교육과정은 한국교육의 목표가 21세기 세계화, 정보화 시대를 주도할 자율적이고 창의적인 한국인의 육성이라는 맥락에서 미술활동을 통하여 표현 및 감상능력을 기르고 창의성을 계발하여, 심미적인 태도를 함양하는 것으로 설정되었다.24) 포스트모더니즘 미술교육의 관점은 모든 것을 사회적 산물로 인식하고 개인의 창조적 예술품 또한 인문, 자연, 문화적 환경에 의해 만들어졌기 때문에

---

24) 7차 교육과정은 대한민국 교육부(교육과학기술부)가 발족한 이래 일곱 번째로 개정된 교육과정이다. 1997년 12월 30일에 교육부 고시 제1997-15호로 고시된 교육과정이다. 현재 초 · 중등학교에 적용되고 있는 국가 수준의 교육과정을 말한다. 국민 공통 기본 교육과정과 고등학교 선택 중심 교육과정으로 구성되는 것이 특징이며, 교육내용과 방법을 진로와 적성에 맞게 다양화 하고 교육내용의 양과 수준을 적정화하여 심도 있는 학습을 할 수 있도록 함을 방침으로 하여 구성되었다.

지구촌의 다양한 문화를 이해하자는 것이다. 모더니즘 미술교육이 개별성에 따른 창조성을 강조했다면 포스트모더니즘시대 미술교육은 조화를 강조하고 있다. 한국의 포스트모더니즘 미술교육은 실제 학교교육의 현장에 충실히 적용되지 못한다는 평가를 받고 있다. 아직은 서구의 미술교육계에서 담론화된 '환경문제', '환경미술', '다문화교육'이라든지, '비교문화 학습', '문화 간 학습', '미술에의 또는 미술을 통한 정체성 구축' 등의 사회현상과 학제적 연구형태가 학계에서 발표되고 논의되는 단계이다.

제3장 | 한국의 미술관 교육

한국에서 미술관 교육이 본격화된 것은 2005년 「문화예술교육지원법」이 제정되어 공사립미술관 교육예산이 확보된 시기부터라고 보는 것이 무방하다. 1980년대부터 미술관 교육이 시작되었으나 미술관 현장에서 미술관 교육이 주제로 공론화된 것은 2000년을 전후한 시기였고, 2005년 「문화예술교육지원법」 이후 미술관 교육은 국내 미술관의 주요 기능으로 부각되었다. 국내 미술관이 서구 미술관에 비해 미술관 교육에 대한 인식이 늦은 것은 미술관의 범주에 대한 인식론적 차이에 기인한 것이다. 서구는 미술관을 문화교육 기관의 범주로 인식하여 오랜 역사를 통해 미술관을 통한 시각교육의 노하우를 축적해오며 국가의 미술교육까지 주도해왔다. 반면 모더니즘 미술관 패러다임을 수용한 한국의 미술관은 문화계승과 발전을 목표로 문화기관으로 규정함으로써 미술관에서 교육은 부차적 기능으로 인식되어왔다. 한국 최초의 미술관 교육은 1979년 국립현대미술관에서 전문가를

대상으로 실시한 '정기 미술강좌'이다. 2년 뒤에 '현대미술 아카데
미'(1981~2010)가 이론 강좌로 개설되었는데 이 강좌는 현대미술관
의 설립목적에 부합된 것이다. 한국 국립현대미술관의 초기설립 목적
이 국전을 비롯한 전문 미술인들의 활동 장으로 개관됨으로써 교육
또한 미술관의 주요 관람객인 미술인들을 위해 개설된 것이다. 당시
국립현대미술관의 교육프로그램은 미술관의 전문성 확보를 위해 자
문해주던 현대미술관회25)가 대행하고 있었다. 덕수궁 시절 국립현대
미술관의 전문 자문단 역할을 맡아온 현대미술관회는 미술관 활성화
차원에서 관람객들 중 미술애호가 개발을 목표로 교육을 실시했다.
한국 최초의 미술관 교육은 애호가 개발이라는 한정된 계층을 목표
로 실시되었다는 점에서 미술관의 공공성의 수혜를 다수의 대중보다
는 소수의 전문가 범주에서 교육이 실시된 것이다. 1979년 '정기 미
술강좌'는 현대미술의 보급과 이해를 목적으로 개설되어 미술 전반
에 대한 교양강좌 형식으로 실시되었다. 초기 강좌내용으로는 특정작
가의 체험적 진술을 통한 작가와의 대화, 작품 감상회, 미술가의 생애
와 제작과정을 담은 필름 시사 등이었으며 이후 정기적인 월례강좌
형식으로 미술관 회원과 미술애호가를 대상으로 한 강좌로 자리 잡
았다. 1980년대에는 '평생교육 진흥'이라는 당시 교육계의 영향으로
교육자 출신들의 재교육과, 일반인들의 미술의식 향상을 위해 체계적
인 미술이론과 실기교육 과목이 개설되었다. 두 강좌는 회원제로 운

---

25) 현대미술관회는 국내 미술이론가와 비평가들이 중심이 되어 미술관 체계를 바로 세울 수 있는 전문자문위
원의 기구로 1978년 발족되어 현재까지 국립현대미술관 활동을 보완해주는 역할을 하고 있다. 현대미술
관회는 초기 예산부족으로 추진하지 못하던 미술관 교육사업을 대행함과 동시에 미술작품 기증, 계간지
'현대의 미술' 등 출판물을 통한 현대미술 계몽사업을 하고 정기적인 미술강좌를 개최함으로써 미술 문화
보급과 미술 인구의 저변 확대에 기여했다.

영되는 전문가 교육으로 진행되었다. 한국의 미술관에서 일반 대중을 대상으로 교육이 실시된 것은 1987년부터이다. 과천으로 이전한 이후 1987년부터 미술교양 프로그램(대중교육) 4개—토요미술 공개강좌, 전국 중고등학생 미술강좌, 근로학생 미술강좌—, 미술전문인을 위한 교육프로그램(전문가 교육) 4개—미술관학 강좌, 전국 초중등 미술교사 미술연수, 대학생 미술관 강좌, 현대미술 아카데미—가 실시되었다.26) 미술관의 기능을 수행할 수 있는 공간이 마련되자 본격적인 미술관 교육이 실시된 것이다. 당시 서구 미술관들이 포스트모더니즘 맥락에서 미술관 교육의 이론과 방법을 제시하고 있는 상황에 비교해 미술관 교육이 진행해야 할 일들이 산적해 있었다. 초기 미술관 교육의 대상들은 전문가들, 학생들과 학교 관련 교사 등에 한정되어 있었다. 실제 교육내용을 살펴보면 현대미술이나 서양미술사에 대한 강좌로 구성되어 모더니즘적 패러다임의 연장선에서 이루어지고 있었다. 최근 대중교육에서 가장 많은 비중을 차지하는 어린이 프로그램은 1990년대 중반부터 시행되었다. 1990년대 들어 미술관 교육에 관련한 연구가 발표되고 서구의 미술관 교육에 관한 사례연구가 진행되면서 1995년에 어린이 강좌27)가 처음 개설되었다. 미술관 교육 대상이 어린이로 확대되면서 퐁피두미술관과 협력하여 1997년에 어린이미술관이 개관되었고, 2000년부터 어린이를 대상으로 한 교육에서 어린이의 가족을 포함하는 '가족프로그램'이 개설되었다. 초기 어

---

26) 과천 이전 10주년 기념 사료집(1996), 『국립현대미술관 1969~1996』, 국립현대미술관, pp.78~82.

27) 1993년도부터 기획된 어린이 미술강좌는 퐁피두센터의 어린이미술관 관장인 베르나드(Bernarde)를 초청한 세미나를 통해 어린이 미술관 교육에 관해 제시된 방향성을 수용하고 퐁피두센터의 어린이 교육프로그램 사례를 토대로 어린이 미술강좌가 기획된다. 어린이 미술강좌는 1995년을 실험기간으로 설정하여 시행한 후, 점진적으로 전문적인 어린이 미술강좌로 발전시키기 위한 방안을 모색했다. 1995년도는 초등학생 4, 5, 6학년생 60명을 대상으로 여름방학 기간 중 3일간 교육을 실시했다.

린이 프로그램은 퐁피두센터 어린이 아틀리에의 교육용 자료를 토대로 이루어졌지만 2000년부터는 어린이 학습자의 특성을 분석하고 교육프로그램을 자체 기획하는 등 미술관 교육의 내용과 방법에 관한 체계적 연구

• 국립현대미술관, 백남준의 '다다익선' 작품에 대한 설명을 하고 있는 도슨트와 관람객들

가 이루어졌다. 2000년대 들어 미술관 교육은 미술관의 주요 기능으로 인식되고 대중 교육대상의 범위도 확대되기 시작했다. 이것은 국립현대미술관이 포스트모더니즘 미술관 패러다임인 대중주의를 지향하게 된 결과로 볼 수 있다. 대중주의와 맥을 같이한 대중 프로그램의 개발은 관람객 개발의 확대를 예상한 것이다. 2004년에는 관람객 확대라는 포스트모더니즘 미술관 패러다임이 수립되면서 60대 이상 노인을 대상으로 실시된 '시니어 프로그램'과 장애 아동들을 위한 프로그램이 개설되었다. 미술관 교육에 관한 제도적 장치가 2005년에 마련되면서 미술관 교육은 급속히 발전하게 되었다. 2005년 「문화예술교육지원법」[28])이 제정되고 공사립미술관의 교육예산이 확보되자 사립미술관 교육 전문인력 비율이 2005년도 11%에서 2008년 52%로 상승하게 되었다.[29]) 이처럼 최근 미술관 교육이 확대되고 미술관에

---

28) 「문화예술교육지원법」은 문화산업으로 문화기반시설을 활용하여 문화예술의 경쟁력을 강화하겠다는 당시 참여정부의 정책방향이 반영된 것으로 '새 예술정책' 및 '문화비전 창의 한국'이란 슬로건 아래 문화예술 교육의 필요성 확산 및 문화예술 교육사업 추진정책으로 이어지게 된 것이다. 추미경(2005), "문화예술교육 현장에서 바라본 문화예술 교육정책 및 지원사업의 성과와 과제", 문화예술교육단체협의회 준비위원회, pp.64~65.

29) 한국사립미술관협회(2009), 『미술관교육프로그램 개발 및 운영지침서』, p.150.

서 교육기능을 강조하는 경향이 나타나고 있으나 아직은 미술관 교육을 위한 학문적 연구가 일천하고 전문인력도 상당히 부족한 상태이다. 이하에서는 교육주체, 교육대상, 교육프로그램으로 나누어 국내 미술과 교육의 현황을 살펴보기로 한다.

1. 교육주체

국내 미술관이 에듀케이터 제도를 도입하게 된 것은 2005년 문화예술교육지원법 제정을 통해 에듀케이터를 위한 제도적 장치가 마련된 이후이다. 미술관에서 에듀케이터를 채용할 수 있는 재정적 자원이 확보되자, 2008년에는 80%에 이르는 국내 미술관에서 에듀케이터에 의한 교육이 실시되었다. 하지만 미술관에 따라 에듀케이터의 전공과 역할, 교육실행 범위에서 상당한 차이를 보여준다. 국공립미술관의 경우 교육부서에서 교육 전반을 지원하고 있지만 각 교육대상별 에듀케이터가 미술관 교육의 프로그램 기획, 연구, 섭외, 평가 등의 업무를 담당하고 있으며, 인턴십을 활용하여 부차적인 업무를 지원받고 있다. 반면 인턴십을 운영하고 있는 기업미술관을 제외하고는 대부분의 사립미술관들은 에듀케이터라는 교육담당 직원이 교육홍보부터 프로그램 개발, 수업 참여 등 교육 전반을 맡고 있다. 국공립미술관의 에듀케이터들 또한 대부분 계약직이거나 임시직으로 배치되어 교육에 대한 심층적 연구나 장기적 교육프로그램을 개발하는데 어려움을 지니고 있다. 2008년 사립미술관협회에서 조사한 교육담당인력 현황에 따르면, 공립미술관은 석사 이상의 미술사나 예술학 등의 이론 전공자와 예술경영학과에서 미술관 교육을 연구한 석사 이상의 이론 관련 인력들이었고, 사립미술관은 미술실기, 미술사, 미술교육 순으로 실기 전공 출신이 90%를 차지하였다. 에듀케이터의 전공은 미술관 교육의 전문성과 관계가 있으며 전문가 교육과 대중 교육을 실행할 수 있는 역량과도 관련되어 있다. 미술관 에듀케이터는 미술관의 실물, 전시, 혹은 미술관 전체를 응용하여 교육을 실행하는 교육자로서 미술관학을 비롯한 인접 학문인 미술사학이나 예술학, 미학 등의 배경지식과 교육학에 대한 기본적인 이해를 하고 있어야 한다. 무엇보다 전문적인 미술관 교육을 받지 않은 미술이론과 미술실기 전공자들이 미술관 교육을 담당하는 것은 미술관 교육의 질적, 양적 범위를 제한할 가능성이 크다. 기존의 전문가 교육과 일반 대중 교육은 전공자들에 의해 교육이 어느 정도 가능하다. 그러나 포스트모더니즘 미술관이 추구하는 관람객 개발을 위한 교육을 수행하기 위해서는 기본적으로 다양한 층위의 관람객 조사와 효과적인 교육방법을 개발하기 위한 교육학적 지식도 필요하며, 시각문화에 대한 이론도 체계적으로 습득하고 있어야 한다. 국내 에듀케이터의 비전문성 문제는 미술관 교육이 학문적으로 개발되고 전개될 수 있는 학문적 토대와 전문 에듀케이터들을 양산해낼 수 있는 전문교육 기관이 부족하다는 데 있다. 그동안 국내 미술시장이 커지고 갤러리와 미술관이 증가하면서 1990년대 이후 미술계의 전문 실무자를 위한 기획, 행정, 경영과 관련된 학과들이 홍익대, 경희대, 동국대 등에서 생겼다. 예술경영대학원이나 큐레이터 학과 등에서 미술관 교육이 부차적인 과목으로 다루어지고, 교육대학과 교육학과 대학원에서 미술관 교육에 관한 전공학 생들이 배출되었다. 하지만 여전히 한국의 미술관 교육은박물관 교육의 범주 속에서 다루어지고 있고, 미술관 교육에 대한 전문가가 없다는 것이 에듀케이터의 전문성 확보에 큰 걸림돌이라할 수 있다. 최근 공사립미술관에서 에듀케이터 양성과정이나 인턴십과정을 실시하고 있다. 기존 사립미술관 에듀케이터들이나 예비 에듀케이터들을 위해 개설되었으나 그 또한 에듀케이터 전문성을 담보할만한 교육과정이 아니라는 점에서 한계가 있다. <표 3-4>는 2006년에실시한 한국사립미술관협회의 에듀케이터 양성과정 사례30)이다.

• 표 3-4. 한국사립미술관협회의 에듀케이터 양성과정 사례

	일시		내용	강사
1	11.13.	오후 2시~4시	<문화예술교육 전문인력 양성 지원사업> 기관신청 안내	박선민 (한국사립미술관협회 사무장)
2		오후 4시~6시	에듀케이터 지원정책 동향 및 미술관 교육프로그램의 방법론	백령 (중앙대학교 객원교수)
3	11.20.	오후 2시~4시	교과서 수록 작품 활용한 교육프로그램	채영 (환기미술관 큐레이터)
4		오후 4시~6시	워크북 개발과 그 활용방안	이승미 (북촌미술관 부관장)
5	11.27.	오후 2시~4시	영은미술관 교육프로그램 사례 발표	최관호 (영은미술관 학예팀장)
6		오후 4시~6시	모란미술관 학교 교육과정 개발과 운영	이원호 (모란미술관 큐레이터)
7	12.4.	오후 2시~4시	통합적 미술관 교육의 사례 및 방법론 모색	황정인 (사비나미술관 수석큐레이터)
8		오후 4시~6시	임립미술관 교육프로그램 사례 발표	신은주 (임립미술관 기획실장)
9	12.11.	오후 2시~4시	미디어아트를 활용한 미술관 교육	최두은 (아트센터나비 전시팀장)
10		오후 4시~6시	시안미술관-지역연계 프로그램 개발 사례	이태호 (시안미술관 교육부장)
11	12.18.	오후 2시~4시	미술관 전문인으로서의 에듀케이터	이명옥 (사비나미술관 관장)

---

30) 한국사립미술관협회(2009), 위의 글, p.121.

총 11회로 구성된 프로그램은 현재 사립미술관에서 재직 중인 교육프로그램 담당자들이 맡아 진행하고 있는데, 박물관 교육을 전공한 학자이고 그 외 강사들은 실무경험의 경력자들로 전문성 있는 교육이라기보다는 미술관 교육을 우회하는 세미나적 성격이 강하다 할 수 있다. 프로그램의 내용은 교육프로그램의 사례와 관련된 것이 9개로 가장 많았고 정책과 에듀케이터의 역할에 대한 것이 2개였다. 프로그램 속에 미술관 교육의 기본원리나 세계적인 미술관 교육의 동향, 최근 실시되고 있는 미술관 교육의 이론적, 실천적 한계와 문제에 대한 내용은 빠져 있다. 최근 화자되고 있는 포스트모더니즘 미술관의 맥락에서 미술관 교육이 방향성이나 과제에 관련된 내용이 빠져 있다는 점도 전문적인 에듀케이터의 양성 프로그램으로서는 한계를 보이는 부분이다.

2. 교육대상

최근 에듀케이터 제도가 도입되고 미술관 교육에 대한 인식이 확대되고 있어 교육대상의 범위나 수가 증가하고 있다. 교육대상과 교육프로그램은 상보적 관계로, 교육대상이 증가하면 재정확보가 원활하게 이루어져 미술관 교육의 방법론이나 내용의 다양화, 전문화를 촉진시킬 수 있게 된다. 국내 미술관 교육대상 범위는 재정적 여건에 따라 공사립 미술관마다 격차가 크게 나타나고 있다. 국립현대미술관은 관람객 개발을 목표로 2004년부터 사회취약 계층인 노인, 장애인, 근로자 등으로 교육을 확대하여 왔다. 또한 최근 다문화가정이 확대되고 이들에 대한 교육지원이 풍부해지자 다문화가정과 외국인들을 위한 프로그램을 개발하여 교육대상에 포함시키고 있다. 전문가 교육에서 시작된 국립현대미술관 교육이 요즘은 전문가 교육보다 대중교육을 확대하고 있다. 물론 이것은 포스트모더니즘 미술관으로의 전환과정의 일환이다. 국립현대미술관 외에 각 시도 미술관에서도 교육대상의 범위를 넓혀가고 있다. 반면 기업미술관을 제외한 국내 사립미술관의 교육대상의 범위는 제한적이다. 국내 사립미술관의 교육대상의 범위는 그동안 진행한 교육프로그램을 통해 파악할 수 있다. <표 3-5>는 2008년 사립미술관의 교육대상에 대한 자료이다.

사립미술관의 경우 교육대상의 편중성이 심하게 나타나고 있다. 무엇보다 특징적인 것은 소외계층을 교육대상으로 하는 미술관이 한 곳도 없다는 것이다. 반면 어린이와 가족대상이 가장 높은 비율은 차지하고 있다. 전문가와 일반 대중으로 교육대상을 범주화시켜보면 일반 대중을 대상으로 하는 비율이 높게 나타나고 있다. 국내 사립미술관의 경우, 교육대상이 주로 일반 대중이라는 점에서 외견상 서구의 포스트모더니즘 미술관과 유사하지만 소외계층에 대한 교육이 비활성화되어 있는 점 등 내용상으로는 상당이 다른 현상을 보여주고 있다.

• 표 3-5. 사립미술관의 교육대상 현황(2008)

교육대상	미술관 수(개)	비율
어린이와 가족(영유아 초등학생)	54	49%
청소년	16	14%
소외계층(장애인, 노인, 다문화 등)	0	0%
성인 및 전문가	21	19%
교사연수	7	6%
학교연계	14	12%
계	112	100%

3. 교육프로그램

국내 미술관 교육프로그램은 미술관마다 양적, 질적으로 격차가 크다. 최근 문화예술 교육에 대한 정책지원이 공모전 형식으로 이루어지면서 포스트모더니즘 미술교육의 맥락에서 개발된 프로그램을 미술관 교육에 접목시키는 사례도 늘어나고 있다. 국내 미술관 교육의 특징인 어린이 프로그램은 공사립 미술관에서 공통적으로 많이 실시되고 있다. 1990년대 후반부터 미술관 교육에 관한 연구가 활발해지면서 가장 많이 연구된 분야가 어린이 교육프로그램이다. 국립현대미술관 어린이 프로그램의 개발과정과 실제를 다룬 연구(안금희, 1995), 어린이를 위한 교육프로그램에 관한 연구(변순연, 1999), 관람자의 교육적 경험에 관한 연구(변순영, 2001) 외에 많은 논문이 발표되었다. 교육프로그램에 관한 연구들이 주로 어린이 프로그램에 집중되고 있는 것은 어린이가 관람객의 30%를 차지하고 있으며 이들이 미래 미술관 고객이라는 인식에서 비롯된 것이다. 현재 미술관 교육을 실시하는 국내 미술관 사례 중 특징적인 교육프로그램을 중심으로 현재 국내 미술관 교육의 단계를 살펴볼 수 있다. 하지만 이 프로그램이 국내 미술관 교육의 현황을 대표하는 것은 아니다.

포스트모더니즘 미술관 교육이 미술과 지역사회 혹은 일상과의 연계를 통해 사회와 문화를 비판적으로 바라볼 수 있게 하는 시각적 문해력을 강조한다는 측면에서 실시된 대표적인 교육사례는 2003년 스페이스 '빔'이 실시한 공공미술 프로젝트 '이것도 미술이다'가 있다. 여름방학을 맞아 연례적으로 반복되는 전시관람 숙제를 위해 미술관을 찾는 학생들로 하여금 남의 작품을 보는 수동적 입장을 벗어나 직접 창작주체가 되어 주어진 전시공간을 자신의 관심사를 표현하고 공유하는 장으로 활용하려는 내용이다. 인천의 대안적 미술활동 공간인 스페이스 '빔'과 인천미술교육연구모임 '틔울'이 공동으로 기획한 이 행사는 일선학교 미술교사와 지역의 미술가, 인천 시내 중등학교 학생 30여 명이 참여한 프로젝트였다. 문화 공간, 지역 미술가, 학교 교사가 협력적으로 진행한 이 교육프로그램은 기존 교육방식에 대한 고정관념을 벗어나게 했다. 이 교육프로그램은 워크숍, 아트캠프, 전시, 포럼, 자료집 발간의 다섯 가지 활동으로 구성되었으며, 학생들이 일주일 동안 참여한 아트 캠프와 그 결과물을 전시하는 것으로 마무리되었다. 이 프로그램은 미술이 능숙한 테크닉과 별개의 형식을 요하는 것이 아니라 스스로가 창작의 주체가 되어 자신의 일상과 주변을 새롭게 관조하고 표현하는 것이라는 교육효과를 주었다.[31] 이 프로젝트는 기존 전시공간의 획일적 성격을 탈피하고 학습자가 공간활용 가능성을 모색한 측면에서, 기존의 모더니즘 미술관 교육에서 벗어나 학습자 스스로가 주체가 되어 결과물을 만들어내는 포스트모더니즘 미술관 교육의 맥락에서 진행된 성공적인 사례로 볼 수 있다.

2008년 토털미술관이 실시한 "건축 교육프로그램"의 사례는 미술과 학제적 접목 프로그램의 특성을 제시하였다. 이 프로그램은 7세에서 13세 어린이를 대상으로 워크숍 형태로 실시되었다. 이 프로그램은 아이들에게 집에 대한 의견을 서로 토론하게 하고 자신들이 생각하는 미래의 집에 대한 이미지를 표현하는 협동과정에 교육적 의미를 부여하였다. 이 프로그램의 효과는 학습자들이 상대방의 의견을

---

31) 안금희(2008), p.321.

서로 존중하고 조율하는 과정에서 배려와 협동심을 길러주고, 건축에 대한 지식과 이해를 통해 자신이 살고 있는 집의 의미와 기능을 재인식하게 했다.[32] 포스트모더니즘 미술교육이 목표로 하는 '조화'를 추구한 것이다. 국립현대미술관에서 실시한 가족 프로그램인 "통합예술교육 리듬 찾기" 프로그램은 학제적 접목과 전문 문화기관 연계 프로그램의 사례로 볼 수 있다. 이것은 현대미술 작품감상과 전통음악 및 놀이체험을 통한 공감각적인 학습을 통해 아동의 미적 감수성 강화와 가족 중심의 건전한 여가문화 정착을 유도하기 위해 국립국악원과 연계하여 운영한 가족통합 교육프로그램이었다. 최근 한국의 미술관 교육에서도 인터넷을 이용한 여러 교육 사이트들을 운영하고 있다. 국립현대미술관이나 각 시도 미술관에서는 간단하게 조작할 수 있는 웹상의 어린이 미술교실을 운영하고 있다. 최근의 국내 미술교육 프로그램은 단순히 작품을 감상하는 수동적인 향유방식이나 이론 강좌에서 벗어나고 있으며, 포스트모더니즘 미술교육의 맥락에서 협동적, 학제적 방식이 접목된 체험적인 워크숍 프로그램들이 개발되고 있다. 한편으로 체험 위주의 프로그램들은 학습자의 흥미유발의 단계에 머물러 가시적 성과물로 만족하는 프로그램이라는 지적을 받고 있으며, 사고의 깊이와 자신만의 창조적 결과물을 낼 수 있는 프로그램은 여전히 부족하다. 여전히 테크닉을 가르치는 전통적 미술실기 교육프로그램이 가장 많이 실시되고 있으며, 한국화, 서예 등과 같은 정통예술과 관련된 교육프로그램 개발은 저조한 실정이다. 또한 최근 대중교육 프로그램에 관한 연구가 활발하게 진행되면서 대중교육 프

---

32) 한국사립미술관협회(2009), p.48.

로그램은 양적으로 증가하고 있으나 상대적으로 전문가 교육을 위한 프로그램의 개발은 저조한 현상도 나타나고 있다.

제4장 | 한국 미술관 교육의 문제점

　국내 미술관은 서구의 미술관 패러다임인 대중성과 전문성이 시차 없이 수용되면서 문화산업적 성격이 부각되는 미술관 문화로 진행되고 있다. 이러한 포스트모더니즘 미술관의 관점이 부각되면서 한국의 미술관에서도 미술관 교육의 기능이 강조되기 시작했지만 여전히 한계를 보여주고 있다. 이러한 현상은 빌바오 구겐하임미술관 등이 보여준 미술관의 상업적 가능성의 영향으로 국내 지방자치단체들이나 미술관 운영자들도 미술관을 지역 신화를 창출하는 문화산업으로 인식하는 경향으로 흐르고 있다. 최근 포스트모더니즘 미술관으로 전환되고 있는 국내 미술관들은 다양한 문화이벤트로 관람객을 끌어들이고 교육프로그램을 통해 관람객에게 미술관 방문의 만족도를 높여주고자 노력하고 있다. 또한 국내 미술관 교육의 활성화를 위해 에듀케이터 제도를 법제화하고 재정적 지원을 하고 있지만 여전히 미술관 교육의 문제점 가운데 상당 부분은 개선되지 못하고 있다. 미술관 교육을 구성하는 교육주체로서 에듀케이터, 교육대상, 교육프로그램의 세 가지 측면에서 이 문제를 검토해보기로 한다.

첫째, 국내 에듀케이터의 전문성 부족이다. 2000년대 들어 서구 미술관의 교육프로그램에 대한 관심이 확대되면서 미술관 교육을 단순한 의무나 구색 갖추기의 차원에서 나아가 경영전략으로 인식하게 되면서 에듀케이터의 역량과 전문성이 쟁점으로 되었다. 2005년 에듀케이터 제도가 도입되고 미술관마다 에듀케이터가 충원되었다. 문제는 전문성을 지닌 에듀케이터가 소수에 불과하다는 것이다. 2005년 「문화예술교육지원법」이 실시되면서 미술관 교육 전문가를 양성하고 훈련시킬 기관이나 시스템을 결여한 채 에듀케이터들이 양산되었다. 국공립미술관의 경우도 대부분 교육직을 별도의 직무규정에 따라 채용하는 것이 아니라 학예직이 교육직을 순환보직으로 담당하고 있어 전문성이 구축될 수 있는 여건이 아니다. 실기 전공자들이 90%를 차지하는 사립미술관 에듀케이터의 경우 상황이 더욱 심각한데, 미술 관련 학과를 졸업한 후 인턴십 과정을 거치고 에듀케이터로 활동하고 있어 이론적인 지식이 낮아 전문성을 기대하기 힘든 것이다. 국내 미술관은 전시 중심으로 운영되고 교육을 부차적으로 인식해온 결과 학예사의 전문성은 당연시해왔던 반면 에듀케이터의 전문성은 간과해왔다. 미술관 에듀케이터는 미술사를 넘어선 시각문화와 관련된 문화이론, 미술사, 그리고 교육방법론 등 이론적 토대 위에 교육대상에 맞춰 프로그램을 개발하고 실행해야 하므로 교육가이자 연구자로서 전문성을 갖추고 있어야 한다. 최근 포스트모더니즘 문화를 배경으로 미술과 교육은 다원화적 관점으로 변화되면서 학습자와 교사의 역할, 미술사에 대한 관점, 작품을 바라보고 해석하는 방식, 심지어 미술관과 전시에 대한 관점마저 학습자에게 권한을 부여하고 있는 상황에서 미술관의 에듀케이터는 미술관과 관람객의 매개적 존재로서 그 역할의 전문성을 절실히 필요로 하고 있다. 미술관 교육의 전문성은 미술과 교육의 이론적 토대 위에 세워져야 하는데 현재 국내 미술관 교육이 독립된 학문적 체계나 연구 분야로 인식되지 못하고 있는 것도 걸림돌로 작용한다. 미술관 교육에 관련한 연구들이 미술교육학의 한 부분이나 미술관 경영의 한 부분으로 취급되고 있어 포스트모더니즘 교육담론에서 거론되고 있는 다문화, 환경문제, 학습자 중심의 의미 만들기, 비판적 시각 등과 관련된 프로그램 연구와 개발이 저조하다.

둘째, 교육대상의 범주가 일정한 연령대와 계층에 한정되어 있다. <표 3-5>의 사립미술관의 교육대상 조사에서 나타났듯이 교육대상의 범주가 어린이나 청소년과 같은 학생들에 집중되어 있다. 서구 미술관의 경우 유아, 아동, 청소년, 대학생, 일반 성인, 가족, 학부모, 장애인, 노인, 노동자 등의 다양하고 세분화된 계층을 대상으로 교육이 실시되고 있다. 반면 한국은 교육대상의 범위가 유치원에서 초등 저학년 연령의 어린이와 성인, 가족에 집중되어 있다. 국립현대미술관과 일부 기업미술관을 제외하고는 장애인이나 노인 같은 소외계층을 위한 프로그램이 실시되지 않고 있다. 국내 미술관 교육프로그램의 가장 많은 비중을 차지하는 어린이와 가족프로그램은 미래 미술관의 관람객을 개발하고 학생들에게 미술관 관람문화를 조성하자는 차원에서 계속 활성화되고 있다. 특히 어린이는 미술관뿐 아니라 국가의 미래를 책임진다는 측면에서 교육대상의 최우선 순위에서 논의된다. 하지만 미술관은 모든 대중을 위한 공공기관이라는 공공성의 맥락에서 교육대상의 범주는 더 확대되어야 할 상황이다. 미술관은 기존의 교육대상에서 주변화되어 있는 다문화가정, 노인, 장애인, 소외지역 아동이나 청소년 등으로 관람객들을 점차 확대해나가지 않으면 안 된다. 교육대상에 대한 좀 더 확대된 시선으로 관람객을 성향, 인지 능력, 취향, 연령 등을 고려하여 보다 세부적으로 나누고 잠재적인 관람객 개발에 노력을 기울여야 한다.

셋째, 대중 교육프로그램과 전문가 교육프로그램의 불균형적 현상이다. 최근 국내 미술관은 대중을 미술관의 경제적 후원자로 인식하면서 대중 교육프로그램을 확대해왔다. 미술관의 공익적 성격이나 포스트모더니즘이라는 다원화된 시대에서 다양한 문화적 배경을 가진 교육대상을 교육시키기 위해서는 대중 프로그램의 확대는 당연하다. 문제는 대중교육이 확대되면서 어린이 등을 위한 프로그램 개발에 한정되어 소외계층이나 전문가 교육프로그램에 대한 개발이 소홀히 다루어지고 있다는 것이다. 특히 미술관이 대중 교육프로그램 확대로 나아가면서 전문가 교육프로그램이 훨씬 소홀히 다루어지고 있다. 전문가 프로그램은 미술관의 보조인력을 수급하기 위한 인턴십, 도슨트 프로그램이 진행되고 있을 뿐, 학교연계 프로그램 개발을 위한 교사 프로그램이나 미술애호가 층이나 미술인들을 대상으로 한 전문화된 프로그램 개발은 매우 저조한 실정이다. 미술관은 시각문화의 학문적 보고로서 국내 미술문화의 발전과 세계화, 나아가 시각문화의 가치를 알리고 발전시키는 기관이라고 할 수 있다. 따라서 미술관은 학문성을 탐구하거나 학문성을 기반으로 실용적이든 비실용적 목적을 가진 교육대상을 위한 교육인 전문가 교육을 실시해야 하며, 지역 미술계의 발전을 위한 미술담론의 생산지로서 교육이 활용되어야 한다. 일선 학교교사, 미술관 인턴, 도슨트, 학교연계 프로그램 등을 포함하는 전문가 프로그램은 미술문화를 확산시키고, 미술관 종사자들의 전문성을 높이는 교육으로 미술관에서만 가능한 교육이자, 미술관의 전문성을 유지할 수 있는 교육이다. 국내 미술관 중에서 전문가 프로그램을 실시하고 있는 곳은 국립현대미술관을 비롯하여 6곳 정도이다. 현재 100여 개의 미술관들 중 전문가 프로그램을 실시하고 있는 곳이 5%에 불과하다는 사실은 국내 미술관의 전문성 확립의 관점에서 재고해야 될 사항이다.

PART 04

미술관
교육의 미래

제1장 | 미술관 교육의 방향

포스트모더니즘시대 미술관에서 교육은 관람객 서비스의 측면이나 소통적 측면에서 그 역할이 강조되고 확대되고 있다. '대중주의'를 지향하는 포스트모더니즘시대 미술관들은 대중의 눈높이에 맞춘 전시나 이벤트를 통해 대중성에 방점을 두고 있다. 따라서 시각문화를 담론화시켜야 하는 문화 생산지로서의 미술관 역할은 간과하고 있다. 이러한 미술관 패러다임의 맥락에서 포스트모더니즘시대 미술관 교육은 엘리트주의에서 대중주의라는 패러다임의 전환에서 나타난 미술관 기능변화의 양상 중 하나로 파악될 수 있다. 포스트모더니즘시대 미술관 교육은 시각문화의 유의미한 가치를 전달하고 문화의식을 고취시키는 미술관의 사회 교육적 기관의 의미보다는 관람객 확대라는 대중서비스 측면에서 부각된 것이다. 미술관이 사회적 산물이라는 측면에서 포스트모더니즘 미술관 패러다임과 미술관 교육의 관계는 사실상 자본주의 맥락에서 형성된 모더니즘 미술관의 논리적 귀결로 이해될 수 있다. 한편 미술관 교육의 확대는 곧 대중과 미술관의 소통적 통로의 확대로 해석될 수 있다. 즉 미술관의 기능이 대중성과 전문성을 다 같이 담보해야 한다는 관점에서 포스트모더니즘 미술관에서 간과된 전문성의 문제는 미술관 교육으로 보완될 수 있을 것이다.

21세기는 다양한 관점에서 정의되고 있지만, 문화에 있어 중요한 정의는 아마도 시각 중심 문화일 것이다. 역사적으로 미술은 시각문화를 주도해왔고 시각문화의 가치를 전달하는 미술관은 미술사와 동일한 이동경로를 그리며 시각문화를 확산시키는 주요한 사회적 기제로 작동되었다. 자본과 국력을 배경으로 미술관이 제시하는 미적 기준은 세계적인 시각문화의 기준으로 작용되어왔다. 이러한 측면에서 미술관은 시각문화의 권력자이자 문화적 간극을 재생산해 왔다는 부정적인 측면도 갖고 있다. 오늘날 미술관의 문화적 영향력은 미디어에 많은 부분을 빼앗겼지만 여전히 고급문화의 기준으로서 시각문화의 콘텐츠 생산지로서 기능하고 있다. 특히 디지털 기술의 혁명 이후 시공간이 압축되는 지구촌 시대의 문화는 거대자본으로 움직이는 대중문화로 인해 단일화, 획일화되고 있지만 타 문화, 특히 제3세계 문화에 대한 편견과 인식적 간극은 여전하다. 타 문화에 대한 배타적 인식은 교육과 문화 전반을 주도해온 서구적 기준에서 비롯되어 문화적 경계가 사회적 갈등으로 빚어지기도 했다. 역사적으로 자본주의의 심화가 시각 중심 사회를 동반해가는 과정에서 미술관이 시각문화를 조장하며 문화적 간극의 형성에 일조했다고 볼 수 있다. 이러한 측면에서 미술관 교육은 다양한 문화적 경계를 와해시키는 소통적 창구로 활용되어야 할 것이다.

종합적으로 미술관 내외의 관점에서 미술관 교육의 미래를 제시하고자 한다. 포스트모더니즘 미술관 교육에 대한 서구의 이론적 논의들 중 다음 두 견해를 수렴하여 미술관 교육의 방향을 가늠해보고자 한다. 1984년 스탭(C. B. Stap)은 미술관 교육의 목표로 '미술관 문해력(Museum Literacy)'을 제시하였다. 이 용어는 관람객이 미술관 자원을 이용하며 해석된 언어를 익숙하게 사용함으로써 미술관이라는 제도 내에서 해석된 시각 이미지 교육을 넘어서야 한다는 것을 의미한다. 문화사회학의 관점에서 미술관을 해석한 스탭은 미술관이 역사적으로 특권층의 이데올로기를 대변하고 그들의 취향을 재생산해왔다는 정치적·제도적 실체였다는 점에서 미술관에서 보여주는 이미지들 또한 미술관의 이데올로기적 입장의 영향을 받았다는 것이다. 그러므로 학습자는 미술관에서 만들어낸 시각 이미지 읽기를 넘어서 미술관이라는 제도와 미술사에 만들어낸 작품의 개념과 해석을 새롭게 해석해야 하며, 새로운 해석은 학습자의 주관적 관점에서 의미 만들기를 실천해야 한다는 것이다.[1] 그가 제시한 '미술관 문해력'은 미술사, 큐레이터, 에듀케이터보다 관람자의 사회 문화적 배경이 해석의 주요 필터로 작용된다는 측면에서 관람객을 교육의 주체이자 담론의 생산자로 간주하고 있다. 그의 주장은 관람객에게 제도적 맥락에서 인식되어온 미술관과 미술에 대한 인식변화를 주도하는 것이며 교육의 대상인 관람객 혹은 학습자에게 해석적 권한을 주는 것을 의미한다. 이것은 동시에 미술관과 관람객의 위계적 관계를 전복하는 것으로 후퍼그린힐의 소통적 관점에서 미술관과 학습자는 상호조율의 관계로 재설정된다. 즉 미술관이 주도하는 활동에 학습자의 의견

---

[1] Melinda M. Mayer(2007), p.44.

이 반영되어 미술관과 관람객의 상호작용에 의해 운영되는 미래의 미술관 모델을 제시하게 된다. 관람객과 미술관의 상호작용의 소통적 관계라는 맥락에서 후퍼그린힐은 시각문화를 경계 짓고 질서 지어온 미술사의 읽기방식을 와해시켜 문화적 경계를 이해하는 통로로서 미술관 교육을 강조했다.[2]

포스트모더니즘 미술관 교육의 방법론으로 미술관 문해력을 제시한 스탑과 문화적 경계를 이해하는 소통적 통로로서 미술관 교육을 제시한 후퍼그린힐의 견해를 통해 미래 미술관의 방향을 제시하자면 다음과 같다. 첫째, 미술관과 관람객은 미술관을 운영하는 공동 주체라는 측면에서 에듀케이터는 학습자와 상호 소통적·보완적 관계가 되어 학습자와 미술관을 이어주는 문화매개자가 되어야 한다. 둘째, 미술관 교육이 다양한 문화소통의 창구가 되어야 한다는 측면에서 학습자를 다양한 계층, 연령, 취향을 가진 대중으로 확대·세분화하여야 한다. 셋째, 역사적으로 구축된 기존 해석과의 단절이자 시각문화를 넘어서 하이브리드 문화의 창조와 담론 생산을 위한 지역 시각문화 연구의 허브로 작동해야 한다. 21세기 사회에서 미술관은 새로운 시각문화를 창조해내는 문화연구 기관의 허브이자, 시각문화 교육을 통한 문화적 경계와 편견을 해소할 수 있는 소통의 장이 되는 것이다.

---

2) Melinda M. Mayer(2007), p.45.

제2장 | 미술관 교육의 대안

　미래의 미술관 교육에서 관람객은 단순한 교육대상이 아닌 자발성을 담고 있는 학습자가 된다. 때문에 '학습자 중심주의'는 곧 학습자의 주관성 존중을 의미한다. 주관성에 기반을 둔 '학습자 중심주의'는 관람객의 입장에서 의미생성이 이루어진다는 것이다. 이것은 기존의 지식전달, 지식생산 교육에서 이루어졌던 주입식 교육방식의 한계를 넘어서는 것을 의미한다. 뿐만 아니라 지식습득 방식이 아닌 학습자가 자발적으로 사고하기, 혹은 주관적 의미 만들기로 시각 이미지를 해석하고 이해하는 방식과 함께 사회적으로 구축된 모든 지식과 개념을 통찰할 수 있는 시각과 사고하기를 가능하게 한다. 새로운 인식과 사고하기는 기존의 미술관이 생산했던 단일한 해석과 의미에서 벗어나 다양한 해석적 가능성을 열어놓게 되어 하이브리드 문화를 창조할 수 있는 토대를 마련할 수 있다. 또한 미술관 교육에서 이루어진 인식의 전환이 창조적 생산과 확대로 나아갈 수 있다는 점에서 미래의 미술관 교육은 대안적 교육이나 평생학습의 의미를 넘어설수 있게 된다. 학습자 중심의 개방된 사고를 유도하는 미술관 교육은창조적이고 통합된 시각문화와 교육을 연구, 개발, 교류할 수 있는 창조적 가능성을 열어놓음으로써 21세기 시각문화 콘텐츠의 허브이자문화적 소통창구로 미래 미술관 모델을 제시할 수 있다. 이러한 미래의 미술관 방향을 토대로 하여, 국내 미술관 교육의 대안을 교육주체,교육대상, 교육프로그램의 세 측면에서 제시해보고자 한다.

1. 교육주체

포스트모더니즘시대 미술관 교육의 중요성이 높아지자 에듀케이터의 역할에 대한 다양한 정의들이 제시되었다. 후퍼그린힐은 관람자연구를 통해 관람자가 미술관에서 다양한 문화를 이해할 수 있는 환경을 만들어야 한다고 주장하며 '관람자와 만나서 문화의 다양한 경계와 언어를 형성하는 문화노동자'로 정의하였다. 같은 맥락에서 라이스(D. Rice)는 에듀케이터가 미술관과 대중의 서로 다른 가치체계간에 다리를 놓아주는 역할을 해야 한다는 관점에서 에듀케이터를문화적 매개자로서 정의했다. 반면 헤인(G. E. Hein)은 구성주의 이론이 강조하는 창조적인 교육자 역할을 주장했다. 앞에서 에듀케이터가학습자와 상호 소통적·보완적 관계에서 학습자와 미술관을 이어주는 '문화매개자'가 되어야 한다고 한 것은 후퍼그린힐, 라이스, 헤인이 제시한 에듀케이터의 정의를 모두 수렴한 것이라 할 수 있다. 이'문화매개자'는 서구에서 구축된 모더니즘적 사고에서 벗어나 다원주의적 사고를 가진 교육자의 자세에서 출발하는 것이다. 학습자와 에듀케이터는 동등한 위치에서 상호 교호하는 관계를 통해, 과거 문화적 산물과 새로운 의미를 생산할 학습자를 연결하는 중개자의 의미를 담고 있다. 미래의 에듀케이터는 미술관의 모든 자원을 활용하여 학습자가 자신의 기준에 따라 작품을 감상하고 그 속의 가치를 주체적으로 발견할 수 있게 하는 것이다. 본 연구에서 제시한 '문화매개자'는 에듀케이터들의 다원주의적 사고3) 전환을 유도하는 것이다. 다원주의적 사고는 경계가 없는 열린 사고이다. 에듀케이터의 전문성으로 언급되는 미학, 심리학, 교육학, 커뮤니케이션학 등 다방면의 지식과 경험 또한 열린 사고에서 가능하며 열린 사고를 통해 전문성을 확고히 한다는 측면에서 다원주의적 열린 사고는 국내 에듀케이터에서 결여된 전문성의 개념을 넘어선다. 에듀케이터의 열린 사고는 미술관의 성격과 특성에 대한 충분한 이해는 기본이고 변화하는 동시대 사회 이슈와 대중, 문화 전반에 대한 새로운 지식에 대한 열린 시각과 유연한 사고, 새로운 교육철학을 수용하는 자세 등을 갖게 하는 출발점이다. 이러한 다원주의적 사고의 관점에서 '문화매개자'로서 에듀케이터의 역할을 다음과 같이 제시할 수 있다.

첫째, 에듀케이터는 미술관과 학습자의 소통적 환경이 되어야 한다. 소통적 관점에서 에듀케이터와 학습자는 동등한 위치에서 수업이 이루어져야 한다. 미술관의 모든 자원과 학습자를 연결하되 학습자가 만들어낸 의미와 의견을 수렴하여 미술관에 반영하여 상호 소통적

---

3) 가치의 다양성이 허용되고 존중되어 소수의 입장과 가치관이라도 받아들이고 인정해주는 사상을 말한다. 사회는 하나의 집단이 아닌 여러 독립적인 이익집단이나 결사체로 구성되어 있으므로 소수의 권력 엘리트에 의하여 지배되기보다는 그 집단의 경쟁, 갈등, 협력 등을 통하여 민주주의적으로 운영된다고 보는 사상이다. 다원주의자의 주장은 각양각색이지만 국가 지상주의적 전통이론인 일원주의와 소수의 엘리트에 의한 지배에 반대한다는 점에서 일치한다.

관계를 유지하게 해야 한다. 한국의 미술관은 대부분이 모더니즘 미술관 패러다임을 수용하여 설립되었으며, 외견상으로 포스트모더니즘 미술관이라는 세계적인 추세를 따르지만 모더니즘 미술관의 권위적, 압도적 분위기에서 크게 벗어나지 못하고 있다. 국내 사립미술관에서 가장 많은 현대작품을 소장하고 포스트모더니즘 건축으로 2004년에 개관한 리움미술관의 경우 외형은 포스트모더니즘을 표방하고 있지만 미술관의 위압적인 분위기, 운영시스템이나 직원들의 태도, 프로그램 등에서 모더니즘 미술관의 전형을 보여주고 있다. 모더니즘 미술관 맥락에서 에듀케이터는 관람객을 교육시켜야 할 대상으로만 인식하고 미술관의 입장에서 교육을 실행하는 우위적 위치에 있었다. 소통이론에서 원활한 소통은 전달자와 수신자가 같은 언어와 암호를 사용해야 가능하다. 에듀케이터의 지위가 학습자보다 위에 있다는 것은 학습자의 눈높이를 맞추지 못해 주입식 전달교육이 되므로 상호소통적 방식으로 진행될 수 없다. 가령 포스트모더니즘 미술은 모더니즘적 사고를 전복한다는 맥락에서 다양한 상징적, 은유적 표현을 사용하기 때문에 비전문 관람객이거나 학식, 계층, 연령이 낮은 대중들에게 난해하게 느껴지고 이해할 수 없을 뿐 아니라 모더니즘적 사고의 관람객에게는 불편한 생각까지 일으키게 된다. 에듀케이터는 학습자별 특성을 고려하여 학습자의 눈높이에 맞는 단어 선택, 학습자의 배경지식을 고려한 사례 제시, 제스처 등을 통해 작품의 의도를 전달하고 학습자의 경험을 유도하고 의견을 수렴하는 역할을 통해 미술관의 주체로 인식하게 해야 한다. 현재 제기되고 있는 에듀케이터의 비전문성 문제는 미술관이나 에듀케이터의 역량만으로 해결될 수 없고, 오랜 시간과 투자를 필요로 한다. 교육자적 자질이나 학문적 전문성을 확보하기 전 자신의 위치를 미술관의 문화와 학습자, 양자의 이해관계를 전달하는 중립적 입장임을 인식하고 학습자들에게 미술관의 주체라는 소속감을 줄 수 있는 프로그램을 기획하고 실행함으로써 학습자가 적극적으로 미술관의 모든 자원과 소통할 수 있는 환경을 제공해야 한다.

둘째, 다양한 문화적 통로로서 미술관 에듀케이터는 현대적 현상인 몰개성화, 비속화, 상업주의와 분명히 차별화되는 대척점을 가지고 있어야 하며, 자본주의적 양상을 이해하고, 그 원리는 수용해야 한다. 전 세계적으로 미술관은 정부나 기업의 재정지원으로 운영되어 왔으나 1980년대 세계 경제침체 이후 재정 자립도를 높이는 방향으로 전환해가고 있다. 이러한 재정적 문제가 미술관 존립문제와 직결되면서 포스트모더니즘 미술관 패러다임으로 나타났다. 그러나 국내 미술관의 재정 자립도가 서구에 비해 낮다는 점에서 아직 국내 미술관들이 포스트모더니즘 미술관으로 전환되지 못했고, 대중화된 미술관으로서 자리매김하지 못했다는 것을 알 수 있었다. 미술관의 재정 문제는 미술관 교육의 개선을 저해하는 요소 중 하나이다. 그러므로 에듀케이터는 예술성과 기획력을 갖춘 교육프로그램을 개발하여 교육 지원시스템이나 후원시스템을 통해 재정적 문제를 해결하는 전략적인 방안을 연구해야 할 것이다. 최근 비영리단체의 예술교육 지원이 확대되면서 각 지역의 문화재단 산하 예술교육지원센터에 매년 2회씩 예산이 주어지고 있다. 재정적 문제로 참신한 프로그램을 실행하지 못하는 사립미술관들이 적극 활용할 수 있는 방법 중 하나일 것이다. 서구의 경우 후원 협력시스템을 통해 성공적인 교육사례들을 제시하고 있다. 영국 런던의 홀리만미술관은 전시회를 보완해주고 교육프로그램을 제작하기 위해 지방 텔레비전 방송의 도움을 받았다. 미국 매사추세츠에서는 교육기관과 문화기관이 함께 연구할 수 있도록 하는 문화지원법을 제정하여 미술관들은 그 법령 테두리 내에서 합동프로그램을 계획할 수 있고 적절한 자금자원을 받을 수 있었다. 핀란드는 미술관과 학교 간 협력체제의 모범적 사례를 보여주었다. 핀란드 미술관협회와 교육위원회는 학교 교과과정과 필요한 사항들에 대한 정보를 미술관 종사자들에게 제공할 뿐만 아니라, 교사들이 미술관 행정과 학교수업을 후원하기 위해 제공할 수 있는 모든 사항을 도와주는 국가적 정책을 마련하였다.4) 공식적, 비공식적으로 다양한 방식이 가능하다는 것을 보여준 서구의 교육사례는 현재 국공립 미술관의 에듀케이터들이 참조해야 할 것이다.

셋째, 에듀케이터는 다양한 학습자를 참여시키고 의견을 수렴하기 위해 디지털 기술을 적극적으로 활용할 필요가 있다. 21세기 가장 큰 변화의 하나는 음악, 영화, 뉴스, 서적을 넘어 인터넷과 모바일을 기반으로 한 디지털 기술을 통한 문화 향유현상이다. 여기서 미술관도 예외일 수 없다. 최근 주요 미술관 에듀케이터들은 최근 디지털문화에 익숙한 관람객들을 위해 기존 온라인에 포함된 소통장치 프로그램들을 교육에 활용하기 시작했다.

서구 미술관들은 어린이 교육프로그램과 관련된 다양한 온라인 콘텐츠를 지속적으로 개발하고 있다. 테이트미술관은 2000년대부터 웹상의 미술관 정보를 비롯하여 교육과 관련된 프로그램 개발을 통해 온라인교육을 실시해오고 있고 다른 주요 미술관들도 미술관 블로그

---

4) 국립현대미술관(1992), "미술관 교육-ICOM", 『현대미술관연구』, 제3집, 국립현대미술관, p.34.

를 운영해왔다. 스마트폰
과 같이 장소에 구애받지
않고 실시간 접속 가능한
웹 도구가 확산되면서 데
이트미술관은 아이폰 앱
(Tate App)을, 뉴욕현대미
술관은 전시를 생생하게
볼 수 있는 아이패드 전용

● 뉴욕현대미술관의 스마트폰 앱 AB EX NY, 2011년

앱 'MoMA AB EX NY'를 개발했다. 서구 미술관에서는 쌍방소통의
기능을 포함하고 있는 웹사이트를 교육적 장치로서 중요한 요소로
취급하고 있다. 하지만 국내 미술관은 온라인상의 콘텐츠가 전시나
아트 상품에 머물러 있다는 점에서 국내 에듀케이터들도 웹상의 교
육프로그램 개발과 활성화에 관심을 가져야 한다. 디지털 기술의 확
대는 인간의 사고를 디지털 환경에 맞추게 함으로써 사고 자체를 변
화시키고 있다. 미술관 교육은 디지털화에 따른 사회적 현상에 대해
문제를 제기해야 하지만, 역설적으로 디지털 시각문화에 대한 올바른
가치관을 전달하기 위해서는 미술관 교육에 디지털 기술의 도입과
활용이 필수적이다. 웹상의 미술관 교육은 젊은 계층의 접근성과 유
용성 있는 방안으로 확장된 의미의 교육을 실현하는 발판이라는 것
을 국내 에듀케이터들도 인식해야 할 것이다.

2. 교육대상

사회적 관점에서 미술관을 분석한 졸버그(V. Zolberg)는 공공미술관이 문화적 품성을 고양하는 기관이라는 찬사와 더불어 문화적 배제를 야기하는 공간으로 작동되어왔다고 주장했다. 1992년 영국에서 발표된 미술관 관람객들에 대한 연구는 그러한 주장을 뒷받침하고 있다. 이 연구에서 미술관 관람객들이나 미술관에서 교육을 받는 대상들은 일반 대중들보다 교육 정도가 높고 생활이 윤택하다는 결과가 나왔다. 테이트미술관, 대영박물관 관람객 중 2% 정도가 교육을 제대로 받지 못한 사람들(영국인의 3분의 1을 차지하는 준노동자 및 기술이 없는 노동자, 임시노동자 등의 하위계층)이라는 사실이 밝혀졌다. 이 연구는 미술관이 중상류층 이상의 대중을 위해 존재해왔고, 하위층과 교육받지 못한 대중들에게 무관심했던 모더니즘 미술관의 엘리트주의를 입증하는 지표이다. 관람객 서비스보다는 수집과 전시에 집중해온 국내 미술관의 상황도 이 연구결과의 범위에서 크게 벗어나지 않을 것이다. 그러나 2000년대에 들어 국립현대미술관이 포스트모더니즘 미술관을 표방하고 나서면서 모든 국민에게 문화교육의 수혜를 주기 위해 관람객의 연령, 계층의 범위가 확대되었다. 국공립미술관들은 국민의 혈세로 운영된다는 측면에서 모든 국민에게 문화적 혜택을 누릴 기회를 균등하게 부여해야 한다. 미술관 교육의 대상은 관람객을 어떤 관점에서 인식하고 어떤 기준으로 계층화하고, 그들에게 어떤 프로그램으로 유도할 것인가 하는 문제에서 범주화될 수 있다. 기존 교육대상에서 제외된 소외계층, 외국노동자, 다문화가정, 도시 하층민 등은 이러한 측면이 고려되지 않은 결과이다. 반면 사립미술관은 재정적인 문제로 어린이와 가족, 청소년에 한정되어 있어 국공립미술관과 관람객 범위나 수에서 현격한 차이를 보여주고 있다. 물론 미술관마다 설립목적이 각각 다르다는 측면에서, 사립미술관이 국공립미술관의 역할과 기능이 같을 수 없다. 하지만 모든 미술관이 공공성을 기반으로 하고 있는 것이므로 사립미술관도 관람객 확대를 위한 노력을 계속해야 한다. 미술관 교육대상의 한정된 범위는 미술관의 관람객 증대를 저해하는 요소로 작용된다. 미술관이 보다 많은 계층의 대중들을 수용함으로써 미술관은 대중적 인지도가 생겨나고 이러한 인지도는 미술관의 후원과 기금으로 연결된다. 미술관의 활성화는 곧 관람객의 증가라는 점에서 미술관과 관람객은 상호 순환적 관계에 있다.

미술관 관람객은 미술관에 무언가 볼 것이 있다는 생각으로 간다. 관람객은 전시를 보는 것만으로 작품의 의미나 전시가 전달하고자 하는 의미를 이해하기 힘들다. 그래서 관람객은 자신에게 맞는 교육 프로그램을 선택하고 교육받음으로써 좀 더 명확히 알게 되고 생각의 변화나 지식을 쌓는다는 느낌을 가지고 미술관을 나간다. 이 관람객은 다시 미술관을 찾게 되고 미술관 교육을 통해 관람객의 삶도 조금씩 변화된다. 관람객 확대는 교육대상의 확대로 나아갈 수 있는 방안이라는 사실에서 국공립미술관과 사립미술관은 미술관이 처해 있는 환경적인 차이를 주지하고 교육대상 확대 전략도 달라져야 할 것이다. 국립현대미술관의 경우 교육대상 범위가 가시적으로는 확대되었다. 현재 교육프로그램에 참여할 수 있는 제한된 인원수와 횟수로는 교육대상의 확대가 더디게 이루어지고 있어 교육대상에 대한 연구가 이루어져야 한다.

시 도립미술관은 대개 도심에 위치하므로 일반 대중들에게 접근성이 좋고 교육대상을 확대시키는 방안이 쉽게 마련될 수 있다. 하지만 미술관의 관람객은 불특정 다수이며, 미술관 교육은 여러 연령층과 성별, 다양한 직업을 가진 관객들을 상대로 해야 한다. 다양한 관람객들이 보다 쉽게 접근할 수 있게 해야 한다는 측면에서 교육대상을 더욱 세분화시키고, 교육의 참여도를 높일 수 있는 유동적인 시간대, 홍보, 횟수 등을 교육대상의 특성에 맞춰 프로그램을 기획하여 교육대상의 확대를 유도해야 할 것이다. 현재 사립미술관 교육은 교육대상이 어린이와 가족, 청소년에 한정되어 있는데 이것은 관람객 개발을 위한 노력의 부족이다. 직업을 가진 성인들이 참여할 수 있는 시간대는 미술관이 열려 있는 시간과 맞지 않다. 이 점을 고려하여 직장인 관람자의 동선과 패턴을 연구해야 한다. 도심에 위치한 미술관들은 직장인들을 위한 점심시간대의 프로그램이나 일주일 중 특정 요일을 정해 직장인들이 회사를 끝내고 참여할 수 있는 프로그램 시간의 유동성을 취해야 한다. 도심 외곽에 위치한 사립미술관의 경우 위치나 교통 등의 접근성의 문제로 대중 확대에 한계가 있다. 그럼에도 불구하고 목적을 갖고 찾아오는 열성 관람객을 위한 교육프로그램을 개발하여 미술관의 방문횟수가 다른 관람객들의 참여를 유도해야 한다. 사립미술관의 교육프로그램은 재정적 문제로 수강료를 받고 교육이 실시된다. 이것도 교육대상의 확대를 저해하는 요소로 교육을 받고 싶지만 수강료 때문에 참여하지 못하는 관람객을 고려하여 다양한 후원과 협력, 지원을 통해 수강료 문제를 해결해야 교육대상을 확대할 수 있다. 미술관은 미술관이 속해 있는 지역성과 지역주민들의 다양한 계층을 연구해야 한다. 공립미술관과 사립미술관이 고려해야 할 지역의 범위는 다르다. 공립미술관이 광범위한 지역민을 대상으로 한다면, 사립미술관은 그 범위가 훨씬 축소된다. 공립미술관은 중앙정부와 지역자치단체의 지원으로 운영되기 때문에 양적으로, 계층별로

더 많은 교육대상을 고려
해야 한다. 반면 사립미술
관은 미술관이 속해 있는
지역성과 연계된 프로그
램을 특화하고 지역주민
들의 참여도를 높일 수 있
는 프로그램을 개발하여
그 지역주민과 인근지역

• 테이트아이비스미술관 장애인 교육프로그램이 진행되는 모습,
2011년

주민들을 미술관 교육대상으로 포함시켜야 할 것이다.

최근 서구 미술관들은 지역의 소외계층에 대한 실태파악을 통해
그들에게 문화 향수권을 누릴 기회를 제공하고자 관람객 연구와 지
역성에 대한 연구를 실행하고 있다. 국내 미술관의 교육대상자들 중
가장 낮게 나타나는 소외계층 노인, 장애인, 20대 젊은 층 등에 대한
연구를 통해 그들에게 적합한 프로그램을 개발하고 교육대상을 확대
시키도록 해야 한다. 우리나라는 2000년 65세 이상 인구가 총인구의
7%를 넘어서 고령화 사회에 진입했으며 오는 2019년에는 14%를 넘
어 고령사회가 된다는 전망도 있다. 지금의 노인인구는 베이비붐 세
대로 과거 노인인구에 비해 문화적 향유능력이나 경제적 여건이 마
련되어 있어 은퇴 후 많아진 여가시간을 문화적 활동으로 보내고 싶
어 한다. 노인층을 미래 미술관 교육의 잠재적 대상으로 인식해야 한
다. 그 외에도 지역에는 문화적 수혜를 입지 못하는 다양한 사회 소
외계층이 있다. 형편이 어려운 어린이와 청소년을 비롯하여 농어촌
지역주민과 같이 미술관에 쉽게 접근할 수 없는 계층을 위한 문화예
술교육지원제도를 적극 활용하여 소외계층을 미술관 교육에 참여시

켜야 한다. 교육대상의 확대를 위해서는 기존의 교육대상에 대한 연구도 필요하다. 현대사회는 디지털혁명 이후 과거보다 더 빠르고 짧은 주기로 사람들의 사고와 생활패턴을 바꾸고 있다. 특히 새로움에 빨리 적응하는 디지털시대에 태어난 10대나 20대는 기성세대들의 소통방식과 다르다는 것을 인식해야 한다. 미래 미술관 후원자이자 관람자인 어린이와 청소년들은 그동안 미술관의 주요 교육대상으로 인식되어 왔다. 하지만 급변하는 우리 사회를 가장 빨리 흡수하는 어린이와 청소년은 예전의 모습과 달라졌다. 어린이와 청소년들은 어릴 때부터 디지털문화와 컴퓨터에 익숙하고 웹상의 쌍방소통에 길들여지고 있다. 이러한 관람객의 변화에 가장 빨리 대처한 테이트미술관은 2000년부터 어린이와 청소년을 위한 웹상의 교육프로그램을 활성화시켜 학생들의 학교수업에 도움을 주고 미술관 참여도를 높이는 방안으로 활용하고 있다.

국내 미술관들도 웹상의 학생프로그램 개발을 확대하여 미술관이 학생들에게 교육적 도움을 줄 수 있는 곳으로 인식하게 해야 한다. 국립현대미술관의 2007년 관람객 조사에 의하면 관람객들이 미술관의 전시정보를 접하는 경로는 '미술관 홈페이지'가 34%, 인터넷 기사검색 블로그 카페가 20%인 것으로 나타났다. 이 조사결과의 흥미로운 점은 미술관에 자주 방문하는 기존 전문 관람층에 비해 자주 가지 않는 비전문 관람층일수록 미술관의 홈페이지에 의존한다는 것이다. 이 조사에서 미래의 미술관 교육대상인 비전문 관람층이 디지털 환경에 익숙하다는 것이 입증되었다. 미술관의 교육대상의 확대를 위한 온라인교육 콘텐츠 개발을 관람객 개발과 교육대상의 확대로 나아갈 수 있는 새로운 매체로 인식하여 적극 활용할 필요가 있다.

3. 교육프로그램

미술관 교육은 미술관 패러다임의 맥락에서 전문가를 위한 교육과 비전문가인 대중교육의 불균형으로 전개되어 왔다. 미술관 교육이 미술관의 전문성과 대중성이 조화롭게 추구되어야 한다는 관점에서 미래의 미술관 교육은 프로그램의 전문성과 교육대상(전문가, 비전문가)에 따른 균형 있는 프로그램의 개발이 전제되어야 한다. 최근 미술관마다 관람객 확보를 위해 대중교육 프로그램을 확대하고 상대적으로 전문가 교육프로그램이 소홀히 되는 현상을 보여주고 있다. 이러한 측면에서 대중 프로그램과 전문가 프로그램에 대한 검토를 통해 대안을 모색할 필요가 있다. 먼저 대중교육 프로그램은 불특정 다수를 대상으로 미술관의 자원을 통해 다양한 시각문화를 경험하고 이해하게 함으로써 학습자의 사고와 삶을 개선하는 데 목표를 두고 있다. 하지만 최근 활성화되고 있는 대중교육 프로그램은 어린이와 가족, 청소년에 한정되어 미술관 프로그램의 방법론이나 교육대상 범위가 제한되어 있다. 미술관이 시각문화를 주도해왔고 여전히 문화적 가치의 기준을 제시해준다는 측면에서 대중교육 프로그램은 최근 스펙터클로 점철되는 이미지의 범람에서 본질적 의미를 파악할 수 있는 시각적 문해력을 기를 수 있는 방향으로 나아가야 할 것이다. 한편으로 대중교육의 확대로 소홀히 다뤄지고 있는 전문가 교육프로그램은 학문적 탐구를 위해 미술, 미술관의 전문적 내용의 강좌이다. 미술 애호가층을 비롯하여 미술이나 미술관 관련 직종인 인턴, 도슨트 등 미술관 인력, 아마추어 미술가, 일선학교 교사 등이 주로 전문가 프로그램에 참여한다. 미술계와 미술의 담론을 확산시키고 미술관 문화를 촉진시키는 전문인과 잠재적 전문인 육성이 목적인 전문가 교육은 포스트모더니즘 미술관에서 간과되고 있는 전문성의 문제를 보완할 수 있을 것이다.

대중주의를 지향하는 포스트모더니즘 미술관의 양상 중 하나인 블록버스터 전시는 미술관의 전문성을 약화시킨다는 비판적 관점에서 자주 언급되고 있다. 미술관 전시 중 관람객 참여가 가장 높은 블록버스터 전시는 해외 미술관에서 막대한 금액을 주고 대여한 전시로 서구 유명 미술관이 만들어낸 전시의 대량생산 체제의 경제적 성과물이다. 미술관의 기획력과 무관한 블록버스터 전시는 '인상주의 작가전', '피카소와 현대미술', '루브르미술관전' 등의 서구 유명 미술관이나 인기 미술가들의 작품을 보여줌으로써 미술애호가나 전문가에게는 식상한 내용의 전시로 담론 생산을 차단하거나 미술관을 외면하게 하는 요소로 지적되고 있다. 반면 비전문가들에게는 미술의 관심을 높이는 전시이다. 블록버스터 전시가 전문성의 관점에서는 비판적5)이고 대중적인 입장에서는 긍정적인 평가를 받는 이중적인 측면 때문에 비판적 상황에서도 여전히 성행하고 있다. 블록버스터 전시의 문제는 '의미 만들기'라는 포스트모더니즘 미술관 교육을 원칙으로 전문가와 대중교육 프로그램을 개발하는 방안으로 해결될 수 있을 것이다. 대중 프로그램은 블록버스터 전시가 갖는 함축적 의미를 명확하게 전달하고 다양한 맥락에서 해석될 수 있는 가능성을 열어 관람객으로부터 새로운 해석을 유도해야 할 것이다. 전문가 프로그램은

---

5) 비판적 관점에서 블록버스터 전시는 기획초기부터 대중의 눈높이를 의식하고, 특정한 미학적 입장이나 유명 작가의 작품, 미술사의 관점을 보여주는 것이 특징이다. 이러한 블록버스트 전시는 일견 서양미술사의 흐름을 다시 한 번 강조하는 기제로 활용되어 대중에게 예술에 대한 편향한 시각을 갖게 하고 서구미술이 여전히 시각문화를 주도한다는 문화제국주의를 재생산한다.

블록버스터 전시가 공공적 가치를 실현할 수 있는 방안에 대한 사회적 논쟁의 장으로, 혹은 블록버스터 전시를 소재로 정치적, 사회적 논쟁과 연결하여 새로운 기획전시의 가능성을 열게 하는 등 공공적 가치를 실현할 수 있는 토론의 장으로 나아가야 할 것이다. 전문가 프로그램에 대한 방안 중 하나는 미술관이 발행하는 자료 활용방안을 제시한다. 국내 미술관을 대표하는 국립현대미술관을 비롯하여 시 도립미술관에서는 미술관의 발전과 학예사들의 전문성 개발을 위해 연구 논문집이 발행되고 있다. 하지만 학예사들의 연구논문에서는 미술관에 대한 비평적 내용을 너무 조심스럽게 다루고 있어 미술관의 실제 문제를 쟁점화시키지 못하고 있다. 따라서 미술관의 발전을 위한 전문가 프로그램은 미술관에서 발행하는 연구논문집이나 전시도록을 텍스트로 활용하여 미술관의 기능에 대한 문제제기, 미술관 전시에 대한 비판적 담론을 생산하는 프로그램을 개발하는 것도 미술관의 전문성을 강화하는 방안이 될 수 있을 것이다. 미술관과 이해관계가 없는 전문가 프로그램에 참여하는 학습자는 학예사보다 객관적인 시각에서 미술관 전반에 걸쳐 다양한 의견들을 제시할 수 있기 때문이다.

미술관의 전문성 논란에 휩싸여 있는 국공립미술관은 전문가 교육에서 미술사나 미학, 미술관학이라는 일견 원칙적이고 추상적인 개념에서 미술관을 논의하고 있다. 현실적인 국내 미술관의 실체를 드러냄으로써 지역의 전문가들과 함께 미술관의 전문성 확보를 논의해보는 것이 보다 발전적일 것이다. 한편으로 일부 미술관에서 이루어지는 전문가 교육에는 인턴십과 도슨트 교육이 있다. 인턴과 도슨트들은 미술관의 입장에서는 가장 하부조직으로, 최근 이들에 대한 임금과 처우에 대한 논란이 있다. 이들은 견습생이자 미술관에서 가장 미시적인 일과 관련된 인력으로 임금이나 교육과정 이후 연계과정의 문제 등이 지적되고 있다. 전문가 교육인만큼 잡다한 업무보조를 넘어 보다 학문적 전문성에 입각한 교육이 실시될 필요가 있다. 또한 미술관에서 인턴십과 도슨트들의 커뮤니티를 장려하고 미술관의 상부조직과 정기적으로 미술관의 문제를 함께 토론하고 미술관의 발전을 도모할 프로그램을 개발해야 할 것이다. 사립미술관의 전문가 교육 확대 방안으로는 미술관의 열성 관람객층을 미술관 발전과 관련된 프로그램에 참여시키는 것도 대안이 될 수 있을 것이다. 사립미술관의 열성 관람객이라면 사회적 위치나 전문적 지식을 갖추고 있거나 예술애호가라는 것이 전제될 수 있다. 따라서 이들을 미술관 관람객 위원으로 우대하고 미술관 발전을 위한 프로그램을 공동기획하고 참여시킨다면 미술관에 대한 애정이나 소속감으로 미술관의 문제를 함께 모색할 수 있다는 점에서 하나의 대안이 될 것이다.

다음으로 미래의 미술관이 '의미 만들기'라는 대중 프로그램을 통해 미술관이 지역 시각문화의 허브로 작동하기 위한 두 가지 원칙을 제시하고자 한다. 첫째, 지역사회 연결 프로그램을 통한 지역문화 예술과 소통하기이고, 둘째, 학제적 접근을 통한 시각문화의 올바른 이해이다.

첫째, 지역사회 연계 프로그램으로 새로운 소통지점을 모색할 필요가 있다. 미술관이 사회적 산물로 인식된 이래 미술관들은 미술관이 위치한 지역성을 인식하게 되었고 미술관과 지역의 특수성과 연계된 교육프로그램을 연구해왔다. 지역연계 교육프로그램은 관람객과 지역의 이해를 기반으로 미술관의 소장품이나 전시, 교육목표와

결합한 자료들을 통합하고 교육
대상의 분석을 결합한 것으로 지
역민들과 소통을 통해 미술관과
지역의 연대감 형성으로 이어진
다. 지역사회 연계 교육프로그램
의 내용은 지역의 다양한 문화,
지형, 역사 등의 자료를 토대로
지역주민들의 계층이나 인종 취

• 뉴어크미술관의 지역사회 연계프로그램

향, 모임, 연령 등의 특수성, 그리고 예술적 의미를 통합한다. 그러한
교육방법의 실행방식은 다양하다. 미술관 내에서 이루어지기도 하지
만 지역 문화시설, 교육기관, 기업과 연계해서 진행하기도 한다. 지역
연계 교육프로그램은 지역성에 대한 연구를 기반으로 하기 때문에
예술과 삶의 통합된 교육의 성격을 가진다. 문화예술에 대한 사전지
식이 없는 일반 대중들에게 지역연계 프로그램은 예술이 자신의 삶
과 분리된 것이나 어려운 것이 아니라는 인식을 마련하는 계기가 된
다. 또한 학습자에게 예술을 통해 사고하고 표현하는 과정에서 자신
이 위치한 지역의 문화나 지리, 역사에 대해 새롭게 느끼고 공동체를
새롭게 인식하는 계기를 제공한다. 지역, 예술, 미술관, 학습자가 함
께 소통하고 학습자 스스로가 의미를 만들어간다는 포스트모더니즘
미술관 교육이 추구하는 '의미 만들기'를 통해 자신을 비롯한 주위
환경에 대한 이해를 새롭게 한다. 이러한 지역연계 교육프로그램은
학습자가 지역공동체를 새롭게 바라보게 되고 지역과 지역인의 과거
와 현재를 인식하는 계기를 통해 문화예술에 대한 인식변화로 연결
된다. 지역주민의 인식변화는 곧 문화예술 교육의 활성화로 이어지게

되고 미술관은 지역의 문화예술의 담론을 형성하는 주체가 된다. 정기적으로 이어질 경우 새로운 지역 문화행사로 확대될 수 있다. 미술관에서 지역연계 교육프로그램을 실시할 경우 다양한 계층과 연령의 학습자들을 참여시킬 수 있고 지역민들의 문화적 의식향상과 미술관 문화를 정착시키게 된다. 지역연계 프로그램의 성공적인 사례는 뉴어크미술관(Newwark Museum)의 사례를 통해 확인할 수 있다. 미국 뉴어크미술관은 흑인, 아시아인, 스페인인 등 다민족들의 거주지역으로 여느 미술관과 같이 1980년대 경제위기를 맞았다. 하지만 지역연계 교육프로그램을 개발하고 활성화시켜 지역사회와 연대감을 가진 성공적인 미술관이 되었다. 당시 재정적 곤란에 있었던 뉴어크미술관은 지역주민들을 회원으로 참여시키기 위해 우선 연회비를 10센트로 내려 많은 지역민들을 미술관의 회원으로 등록시키고 미술관의 주인의식을 갖도록 유도했다. 미술관은 지역민들을 위한 프로그램을 개발하고 미술관에서 이루어지는 활동에 적극적인 참여를 유도하기 시작했다. 지역의 청소년들이 미술관에 관심을 갖게 하기 위해 미술관에서 다양한 모임을 주관하고 청소년들을 위한 교육과 전시를 기획했다. 다민족으로 구성된 뉴어크지역의 주민들을 고려하여 다양한 나라의 문화를 소개하는 체험전시와 체험수업을 연계하여 지역민들의 관심을 유발했다. 1995년에 '한국탐험-할아버지 댁의 방문'이라는 특별전시를 통해 한국문화를 소개하는 전시와 프로그램을 제공했다. 이후 흑인들을 위한 아프리카 문화와 관련된 전시와 체험 프로그램으로 지역주민들로부터 호응을 얻게 되고 그에 따라 재정지원까지 받게 되었다.6)

뉴어크미술관의 사례는 지역연계 프로그램을 통해 미술관 교육대상의 확대, 지역공동체의식 형성, 다양한 문화체험과 이해로 지역문화의 담론 생산의 역할을 하게 되었다. 뿐만 아니라 교육프로그램 활성화가 재정지원으로 이어져 지역연계 프로그램의 성공적인 사례로 평가된다. 지역과 연계된 프로그램의 다른 형태는 지역공동체와 연계된 프로그램 개발이다. 지역 기반시설들과 네트워크를 구축하여 교육프로그램을 공동으로 진행하거나 교육의 예술적인 부분만을 미술관이 담당하는 형태의 프로그램 개발은 새로운 형태의 미술관 교육의 면모를 보여주는 것이다. 현재 지역 기반시설은 문화회관, 영화관, 박물관, 화랑, 도서관, 복지관, 체육센터, 문화원, 각종 문화센터 등이 있다. 지역에는 문화관광부와 한국문화예술교육진흥원과 연계하여 보조사업을 진행하는 광역단위와 기초단위의 문화예술교육센터가 지정되어 있다. 이들과의 연계협업을 통해 교육프로그램을 기획하는 방법도 지역연계 교육프로그램의 한 방법이 될 것이다.

최근 문화예술교육 지원 관련 기금이 확대되면서 사회 취약계층에 대한 복지가 늘어나고 있다. 현재는 복지센터에서 장애아, 노인, 저소득층 어린이와 청소년, 다문화가정 등을 위한 프로그램들이 이루어지고 있다. 복지센터에서 이루어지는 문화예술교육의 한계를 미술관이 맡아 진행하는 협업 프로그램도 지역연계 프로그램의 새로운 방법이 될 것이다. 최근 이러한 지역 기반시설과의 협력관계를 성공적으로 진행시킨 사례로는 광주 북구 문화의 집과 미술관이 연계한 프로그램이 있다. 문화의 집은 복합문화 공간이자 사회교육 기관으로서 전국에 15개 이상 개설되어 지역의 문화를 담당하고 있다. 광주 북구

---

6) 한종훈 · 이혜진 옮김 (2008), 『박물관 미술관학: 뮤지엄 경영과 전략』, 박영사, pp.282~286.

문화의 집은 광주의 역사성, 공간성을 살리는 공공예술 프로젝트를 통하여 지역의 예술가들과 사회단체, 사회 기반시설과 지역 네트워크를 구축하였다. 북구 문화의 집에서 진행된 5 · 18 역사박물관 만들기 프로젝트는 미술관이 기획과 공간을 제공하고 광주자연고등학교와 공동으로 추진하였다.

둘째, 학제적 접근으로 전시연계 교육프로그램을 개발할 필요가 있다. 역사적으로 미술관이 공공미술관으로 자리매김하면서 전시는 무지한 대중을 계몽해야 한다는 교육적 의미를 갖는 사회적 규율을 의미했다. 모더니즘 미술관 전시는 해석되어야 할 텍스트였고, 포스트모더니즘시대에 이르러 미술관 전시는 비판적 담론의 장으로 의미

● 어린이들의 눈높이에 맞춰 작품을 설명하고 있는 에듀케이터, 2011년

가 변화되어 왔다. 미술관이 생긴 이래 전시의 교육적 효과를 높인다는 차원에서 1907년 보스턴미술관이 전시해설을 위한 도슨트를 탄생시켰다. 과거 에듀케이터는 전시의 의미와 작품의 정보를 전달하는 것을 도슨트의 임무로 여겼고 별도의 전시연계 프로그램을 만들지 않았다. 초기 전시연계 프로그램은 작품감상을 전제로 했다. 모더니즘시대에 들어서 미술사와 미학이라는 모더니즘 맥락과 예술가의 이해를 돕는 내용으로 변화되었다. 현재 전시연계 프로그램은 전시에 대한 접근방식을 미술사의 맥락에서 벗어나 작품의 문화적, 사회적 맥락에서의 의미와 관람객의 주관적 의미 만들기를 실천하고 있다.

또한 최근 해외 미술관들은 전문가와 비전문가, 청각장애인, 시각

장애인, 연령별 등 교육대상을 구분하여 교육내용과 방법을 개발하고 있다. 전시교육 프로그램은 전시를 대중들에게 효과적으로 전달하고 작품의 의미와 이해를 돕기 위해서 미술관 교육의 중요한 분야이다. 최근 전시연계 교육프로그램은 주제, 내용(도상학, 상징성), 기능(제작, 변화), 문화적·역사적 맥락과 함께 왜 이 작품이 미술로 간주되고 미술관에 있는가, 작가의 내력과 정신, 기술 등에 관한 내용으로 진행된다.[7] 이것은 과거 미술이론이나 미술사의 양식적 전개, 미적인 특성을 중심으로 이루어진 교육과는 내용이 다르다. 전시연계 프로그램은 다양한 학제적 접목을 통해 전시와 작품에 대한 의미를 이해하게 하고 새로운 의미를 관람객 스스로가 만들어내고 있다. 전시연계 프로그램이 강좌나 세미나와 같은 일방적 정보전달 방식을 진행하는 것은 전시연계 프로그램의 교육대상을 성인으로 한정시키는 것이다. 어린이들을 대상으로 하는 프로그램이 가장 많음에도 불구하고 전시연계 프로그램이 체험 위주로 흘러 전시의 의미나 작품의 의미를 제대로 파악하지 못하고 있다. 어린이는 성인에 비해 배경지식이 부족하기 때문에 체험방식의 교육방식이 확산되는 추세이다. 하지만 미술관 교육이 공교육이나 문화센터교육과의 차이가 실물교육에 있다는 점에서 체험 위주의 교육방법에 대해 새로운 시각으로 검토해야 한다.

미술관의 실물은 미술관에 소장된 수집품이거나 소장되진 않았지만 전시를 위해 전시기간 동안 미술관에 존재하면서 교육에 활용된다. 실물을 통한 교육은 교육대상에게 2차 정보자료보다 훨씬 더 많은 지적 동기를 부여한다는 특징 때문에 공교육의 대안으로 인식된

---

7) M. Mc Dermott(1988), "Through Their Eyes: What Novices Value in Art Experience", *American Association of Museums SourceBook*, p.72.

다. 다시 말하면 새롭고 깊이 있는 질문을 하도록 고무하는 역할, 학습이 진행되는 동안 다방면으로 참고가 되고 또한 이미 습득한 지식을 재조명해볼 수 있는 정보자료철로서의 역할이 있다. 따라서 실물에 대한 정보를 관람자의 학습능력을 고려하여 효과적으로 소통할 수 있는 전시연계 프로그램이 기획되어야 한다. 서구에서는 학생들을 위해 실물교육으로 교육대상이 자발적으로 의미를 만들어내게 한다는 원칙으로 변화되고 있다. 교육대상의 상상력을 최대한 발휘하고 경험해볼 수 있는 드라마와 역할 놀이의 활용 및 재구성의 방식이 도입되었다. 이러한 교육방식은 아이들에게 수업에 대한 적극성과 문제해결 능력, 창의적 사고로 이어져 수업에 대한 만족도가 높게 나타난다.[8] 미술관 학습의 학제적 접근방법으로 효과적인 전시연계 프로그램을 개발한 사례로는 메트로폴리탄미술관의 이슬람 미술 전시연계 교육프로그램이 있다. 이 프로그램은 이슬람 미술의 기하학적 무늬를 이해시키기 위해 수학교사가 학생들에게 2차원적 구조물을 이해하도록 도와준다. 학생들이 기하학의 일반원리를 알아냄으로써 문제해결의 접근방법을 유도하며 수업이 이루어진다. 게다가 사회를 담당하는 교사는 그 프로그램을 인류학 과정에 적용시켰고, 조직이나 양식의 개념이 사회에 얼마나 중요한지를 인식시켰다.[9]

학제적 접근방법은 시각미술의 개념과 기능 등의 활용범위를 확대시키는 방안이다. 이 측면에서 지역연계 프로그램과 통합한 대중 프로그램은 최근 거대자본에 의해 지역적 특수성이 사라지고 있는 상황에서 지역문화 콘텐츠 개발의 가능성을 열어놓는 방안이 될 수 있다.

---

8) 미술관 교육-ICOM(1992), p.15.
9) 미술관 교육-ICOM(1992), p.15.

PART 05

결론

    이 책의 목적은 그동안 미술관 교육이 발전해온 과정과 현재의 위치를 확인하고 우리나라 미술관 교육의 발전방향을 제시하는 데 있다. 먼저 이 연구의 배경으로서 미술관과 미술교육의 변모를 살펴봄으로써 미술관 교육이 미술관의 제반 기능 속에서 어떤 지위를 차지하고 있으며 또 미술교육의 흐름과는 어떤 관련을 맺고 있는지 파악하였다. 그다음으로 소통이론에 기초를 두고, 미술관 교육의 세 측면인 교육주체, 교육대상, 교육프로그램이 각 시기별로 어떤 특징적인 변화를 보이고 있는지 분석하였다. 그다음에는 연구대상을 우리나라 미술관 교육으로 좁게 한정하여, 그것의 특수성과 문제점을 구체적으로 파악하고자 하였다. 마지막으로 미술관 교육의 발전방향과 대안을 우리나라 미술관의 문제점과 관련지어 제시하였다.

    이 논문에서 지금까지 논의한 내용을 정리하면 다음과 같다. 제1부에서는 미술관과 미술교육의 변모를 살펴보았다. 먼저 근대적 미술관은 왕족과 귀족층이 독점해온 미술품과 문화재를 시민들을 위한 공공재 개념으로 전환시킨 루브르미술관에서 시작되었다. 루브르미술관을 비롯하여 모더니즘 이전의 근대초기 미술관들은 주로 국가적 문화의 수호자로서 대중을 계몽하는 사회교육 기관의 역할을 수행하였다. 20세기에 들어서자 기존의 문화 수호적 성격의 미술관에서 탈피하여 동시대 미술을 위한 새로운 미술관, 즉 모더니즘 미술관이 등장한다. 바로 뉴욕근대미술관이다. 뉴욕근대미술관은 소위 화이트큐브라는 미학적 공간을 내세우며 예술성을 극대화하고 소수 엘리트 계층의 이데올로기를 재현하는 정치적 전시공간으로서의 미술관 개념을 만들었다. 1960년대 이후 사회적 변화 속에서 모더니즘 미술관은 문화적 불평등을 재생산해왔다는 점에서 비판을 받게 되었고, 1970년대부터는 경제적 곤란을 겪게 되었다. 그 결과 대중주의를 지향하지만 그 방식에서는 소비자본주의 체제의 논리를 따르는 포스트모더니즘 미술관이 등장하였다. 미술관은 문화산업으로 인식되고 유명 미술관들이 세계 여러 지역에 분관을 설립하는 등 미술관의 기업적 경영이 일반화되었다. 예술적 담론 현장으로서의 미술관 기능이 희석되자 미술관의 교육적 역할에 대한 관심이 높아지고 활성화되었다. 한편 근대초기 미술교육은 아카데미즘에서 유래된 사실주의 교육으로 출발하여 산업화 요구에 부합되는 디자인 교육을 강조하였고, 이것은 20세기 전반에 삶과 예술의 통합을 주장하는 바우하우스의 디자인 교육으로 나아갔다. 바우하우스 교육은 모더니즘시대 실용주의 미술교육 이념의 토대가 되었다. 20세기 초 사회재건과 목표를 같이한 실용주의 미술교육이 미국 중상류층 학교의 교육이념으로 자리잡을 무렵, 모더니즘의 영향을 받은 표현주의 미술교육이 등장하였다. 이후 주관적인 표현은 학문적 지식과 이론적 기준의 틀이 없다는 점에서 학과에 기초한 미술교육(DBAE)이 등장하며 모더니즘 미술교육의 방향을 학문적 과제와 연결하였다.

반면 신미술사의 등장으로 지식지향 미술교육의 토대인 미학, 미술사에 대한 맥락에서 벗어나게 된 포스트모더니즘시대에는 구성주의 미술이론과 시각문화 미술교육(VCAE)을 중심으로 전개된다. 미적 목적보다 사회적 목적을 지니고 있는 두 이론은 학습자의 주관성을 우위에 두는 주관적 '의미 만들기'라는 포스트모더니즘 미술교육의 방향을 제시하였다. 여기서 주관적 '의미 만들기'는 모더니즘시대 미술교육의 한정된 방법과 범위를 넘어서 학제적 접근을 가능하게 하였고, 학습자 중심의 미술교육, 복합문화의 이해를 기반으로 한 미술교육, 지역사회 기반의 미술교육 등의 다양한 방법론을 가능하게 했다. 따라서 포스트모더니즘시대 미술관과 미술교육은 모두 '대중'이 중심이자 주체로 세우는 방향을 제시하였다. 미술관이 대중을 지향하며 소비자본주의 논리로 나아가며 스펙터클 전시를 생산해내는 현상을 보여주었다면 포스트모더니즘의 새로운 미술교육 이론은 포스트모더니즘 미술관이 확산시키는 볼거리만 있고 담론형성은 못하는 스펙터클 전시의 한계를 벗어나게 하는 담론형성을 가능하게 한 미술관 교육의 토대를 마련했다.

제2부에서는 소통이론에 기대어 미술관 교육의 세 측면인 교육주체, 교육대상, 교육프로그램으로 나누어 시기별 특징을 분석하였다. 모더니즘 이전의 초기 미술관 교육은 사회적으로 정착되지 않은 공교육을 대신해 미술관이 미술학교의 기능을 함께 담당하면서 시작되었다. 당시 미술관 교육철학은 미학적 측면을 강조하며 대중교육은

감상교육을, 전문가 교육은 디자인 교육을 실시한다. 산업화 시대에 필요한 인재를 미술관에서 육성하는 것을 목표로 산업노동자들과 학생들에게 사실주의 드로잉을 중심으로 한 디자인 수업을 실시하였다. 20세기 들어 미술관 학교의 기능을 전문학교나 대학이 맡게 되었고, 대신 모더니즘 미술관 교육은 공교육의 미술교육과 연계되었다. 모더니즘시대 미술관 교육은 기존의 미학적 입장에서 교육적 입장을 강조하며 미술관 교육을 확립시킨다. 뉴욕근대미술관과 구겐하임미술관은 학교프로그램의 연구와 개발을 담당했는데, 그것은 모더니즘 미술관의 소장품을 토대로 모더니즘 미술의 역사성과 가치를 강조하는 데 주안점이 있었다. 당시 에듀케이터가 학교프로그램에 영향력을 행사했다는 점에서 학교프로그램은 모더니즘 미술을 대중들에게 규범화시키는 통로가 되었다. 모더니즘시대에는 학교프로그램과 대중교육 프로그램이 함께 진행되지만 대중교육 프로그램은 미술 전문가와 어린이 프로그램에 한정되어 있었다. 모더니즘시대 미술관은 전문가 집단과 중간층 이상의 대중을 교육대상으로 삼아 계층 간 문화적 불평등과 격차를 확대시켰다.

포스트모더니즘시대의 미술관 교육에서는 교육주체가 미술관과 미술관 교육을 사회적 산물로 인식하게 되었으며 교육대상의 범위를 지역사회의 소외계층까지 확대시키게 되었다. 신미술사의 관점에서 새롭게 성립된 포스트모더니즘 미술관 교육은 기존 미술사나 미학적 입장과 달리 학습자 중심으로 학습자 스스로 미술관이나 작품과 상호소통하며 다양한 문화적 차이를 이해하는 방식으로 나아가고 있다. 미술관 교육의 역사에서 교육주체는 설립자에서 에듀케이터로, 포스트모더니즘시대에는 에듀케이터와 다양한 협력 관계자들로 변화되었다. 교육대상은 중간계층과 산업인력에서 학교학생과 소수의 전문가 엘리트 집단으로, 포스트모더니즘시대에는 노동자 계층을 비롯하여 장애인, 노인 등 소외계층에 이르는 다양한 계층을 포괄하는 일반 대중으로 변화되었다. 교육프로그램의 주요한 형태는 직업교육에서 학교교육으로, 포스트모더니즘시대에는 지역사회 연계프로그램으로 변화되었다. 특히 포스트모더니즘 미술관 교육에서 새롭게 개발된 지역연계 프로그램은 최근 문화예술에서 담론화된 지역성(locality)과 공공성(community)의 맥락과 맞닿아 있다. 미술관 교육은 교육주체의 변화가 교육대상의 변화로 그리고 교육프로그램의 변화로 이어졌고, 미술관 교육의 세 가지 측면이 서로 유기적으로 연결된 하나의 체계로서 미술관 패러다임의 변화를 반영해왔다.

제3부에서는 연구의 초점을 이동하여, 한국의 미술관과 미술교육의 흐름을 살펴보고 한국의 미술관 교육의 현실과 그 문제점을 분석했다. 한국의 미술관은 비교적 짧은 미술관 역사를 가지고 있으며, 서구의 미술관 패러다임이 시차 없이 수용되었다. 한국의 미술관 패러다임을 선도하는 국립현대미술관이 2000년 이후 포스트모더니즘 미술관으로 전향하자 최근 설립되고 있는 미술관들은 포스트모더니즘 미술관의 전형을 보여주고 있다. 그러나 전반적으로 미술관 교육에 대한 인식이 미약하고 미술관 교육을 위한 예산, 인력, 조직, 프로그램이 양적으로나 질적으로 부족하다. 미술관 교육은 미술관의 주된 기능으로 자리 잡지 못하고 부차적인 기능으로 되어 있다. 비교적 대규모 미술관의 경우에도 미술관 교육의 틀은 갖추고 있으나 에듀케이터의 비전문성, 교육대상의 편중성, 교육프로그램의 불균형 등의 문제점을 드러내고 있다.

제4부에서는 '미술관 교육의 미래'를 다루었다. 최근 해외 미술관 교육의 성과를 통해 새로운 방향으로 나아가고 있는 미술관 교육의 추세를 살펴보고, 제5부에서 분석된 한국 미술관 교육의 문제점에 대한 대안으로서 해결 방안을 세 가지 측면에서 모색하였다. 첫째, 다원주의적 사고의 관점에서 에듀케이터의 역할을 다음과 같이 제시하였다. 관람객도 미술관을 운영하는 하나의 주체로 인식하고, 에듀케이터는 미술관 교육에서 학습자와 상호 소통적 관계에서 학습자와 미술관을 이어주는 문화 매개자가 되어야 한다. 이와 관련하여 다양한 문화적 통로로서 에듀케이터는 시장경제의 원리는 수용하되 과도한 상업주의를 차단할 대안을 가지고 있어야 한다. 그리고 에듀케이터는 다양한 학습자를 참여시키고 소통하기 위해 디지털 기술도 적극적으로 활용해야 한다.

둘째, 미술관 교육이 다양한 문화의 소통창구가 되어야 한다는 측면에서, 교육대상 확대가 중요하다. 여러 층위의 관람객을 세분화하고 그들의 욕구에 맞는 교육프로그램을 개발함으로써 교육대상을 확대시켜야 한다. 또한 미술관의 공공성 회복 관점에서 지역사회의 문화적 소외계층에 대한 교육이 확대되어야 한다. 기존의 교육대상인 학생층과 젊은 층의 소통방식 연구를 통해 이들의 변화된 생활방식을 반영한 디지털 기술매체를 도입 활용하여 참여를 확대시켜야 한다.

셋째, 모더니즘 미술관의 문제를 극복하기 위해 전문가 교육과 대중교육의 개발이 균형 있게 이루어져야 한다. 전문가 교육을 위해 미술관이 비판적 담론을 생산할 수 있는 프로그램을 개발해야 하며, 대중교육을 위해서는 '의미 만들기'를 목표로 한 지역사회 연계프로그램과 학제적 프로그램의 결합을 통해 지역문화 콘텐츠 개발을 도모할 필요가 있다.

이 연구는 신미술사와 관련된 신미술관학과 포스트모더니즘 미술관 교육이론에서 출발하였다. 여기서 신미술관학은 모더니즘 미술관에 대한 비판적 관점에서 미술관의 '대중성'을 강조하는 이론적 전제로, 포스트모더니즘 미술관 교육은 포스트모더니즘 미술관의 전시에서 결여된 예술적 담론을 보완해주는 '전문성'과 연결시켰다. 역사적으로 정치적 헤게모니의 도구로 활용되어 대중에게 개방된 미술관이 한때는 예술작품과 예술가를 위한 성소로, 그다음에는 상업적 대중주의를 표방하는 문화산업의 일부가 되었다. 기존 미술관의 발전과정에서 나타난 '예술성'과 '대중성'의 대립관계에서 벗어나 양자를 조화롭게 달성하기 위한 방법과 방향을 모색한 점이 이 연구의 주된 의의라 할 수 있다. 미술관 교육은 전문성 대신 대중성을 일방적으로 추구하는 포스트모더니즘 미술관의 한계에서 벗어나는 주요 수단이다. 미술관 교육을 통해서 대중의 예술적 취향과 예술향수 능력을 개발함으로써 과거 소수 전문가의 전유물이던 예술작품을 더 많은 사람들이 더 편안하게 즐길 수 있도록 하는 것이 미래 미술관에 부여된 임무이다.

마지막으로 이 책의 한계와 연구과제를 제시하기로 한다. 이 논문은 미술관 교육의 전반적인 문제를 이론적으로 다루었으며, 그것도 관련 문헌 분석에 주로 의존하였다. 실제 개별 미술관에서 이루어지고 있는 미술관 교육의 사례를 세부적 주제로 다루거나, 실무적 차원에서 그것에 대한 해결방안을 제시하지는 않았다. 미술관 교육에 관한 거시적 관점의 연구라고 할 수 있는 이 연구의 한계를 보완하기 위해 미시적 관점의 연구가 필요할 것이다. 특히 오늘날 우리나라의 개별 미술관들이 수행하고 있는 교육프로그램들의 성과를 구체적이고 정밀하게 분석하고 평가하는 사례연구는 이 연구의 한계를 잘 보완할 수 있을 것이다. 향후 이 연구에서 다루지 못한 미술관 교육의 실무적 주제에 관한 연구가 진전되기를 기대한다.

참고문헌

강나서영·최수현(2004), 『기업처럼 운영하는 구겐하임미술관』, 이마스, p.45.

교육철학회(2001), 『박물관과 교육』, 문음사.

국립현대미술관(2008), 『해외 미술관 박물관 교육프로그램 사례자료집』, 국립현대미술관.

김병철·안종묵(2005), 『커뮤니케이션 이론과 실제』, 한국외국어대학교출판부.

김은영(2009), "21세기 새로운 미술관과 큐레이터의 역할", 『변화하는 미술관 정책과 큐레이터의 역할』, 한국큐레이터협회, 한국박물관대회.

김정희 외 공저(2003), 『미술교육과 문화』, 학지사.

김재원(1991), 『경복궁의 야화』, 탐구당.

김종대 외(2010), 『박물관 교육의 이론과 실제』, 문음사.

김주원(2005), "20세기 현대미술과 미술관 제도의 역할: 미국 모더니즘과 MoMA의 관계를 중심으로", 『한국미학예술학회』, 제10집.

김준희(2008), "지역사회에 기반한 미술교육의 이론적 고찰", 『예술교육연구』.

김황기·이성도·임정기(2006), 『미술교육의 이해와 방법』, 예경.

김형숙(2001), "공공교육의 장으로서 미술관", 『예술경영연구』, 한국예술경영학회, 제1집.

김형숙(2001), 『미술관과 소통』, 예경.

김형숙(2006), 『미술, 전시, 미술관』, 예경.

김혜숙(1993), "미술관에 있어서 미술교육", 『현대미술관연구』, 제4집, 국립현대미술관.

니체, 임수길 옮김(1990), 『반시대적 고찰』, 청하.

류재만(2001), "구성주의 미술교육의 이론 정립을 위한 기초연구", 『서양미술교육논총』, 한국미술교과교육학회, 8호.

문병호(2007), 『문화산업시대의 문화예술교육』, 자연사랑.

문화체육부(1994), 『국제박물관협의회규정집』, 문화체육부박물관과.

문화관광부(2006), 『박물관·미술관 교육프로그램 개발방법론』.

먼로 C.·비어슬리(1987),『미학사』, 이론과 실천, pp.203~242.

박동수(1998), "미술교육의 미학적 근거",『미술교육연구논총』, 제7집, 한국미술교육학회.

박선혜(1999), "미술관 교육과 방법론",『미술교육연구논총』, 제8집, 한국미술교육학회.

박신의(2005), "문화계획의 관점에서 본 미술관의 새로운 역할 배치",『현대미술관연구』, 제16집, 국립현대미술관.

박정애(2001),『포스트모더니즘 미술, 미술교육론』, 시공사.

백령(2006),『멀티미디어시대의 박물관 교육』, 예경.

사단법인 한국박물관협회(2005),『박물관·미술관 학예사 전문교육』.

손지연(2000), "미술교육의 간학문적 연구에 관한 이론적 고찰",『미술교육학회』, 제20호.

안상미(1998),『유럽의 근대교육이 바우하우스 미술교육에 미친 영향 연구: 19세기 유럽(영국, 프랑스, 독일, 미국)의 사상과 교육을 중심으로』, 이화여자대학교 교육대학원.

안혜리(1997), "시각문화로의 패러다임 변화와 미술교과 교사교육의 새로운 방향",『미술교육학회』, 제17호.

양은주(2005), "미국진보주의시대의 교육개혁운동",『교육의 이론과 실천』.

양성욱(2001),『문화도시 문화복지』, 103호.

양지연(2003), "박물관미술관 교육프로그램 운영현황과 개선방안",『예술경영연구』.

윤난지 엮음(2007),『전시의 담론』, 눈빛.

이재희·이미혜(2010),『예술의 역사: 경제적 접근』, 경성대학교 출판부.

임영방(2003),『이탈리아 르네상스의 인문주의와 미술』, 문학과 지성사.

전진성(2004),『박물관의 탄생』, 살림.

정찬익 외(1998),『교육의 역사와 철학의 이해』, 백산.

정희숙(2009),『학과기초미술교육(DBAE)과 시각미술교육(VACE) 비교분석』, 홍익대학교 교육대학원.

조선령(2007), "변화하는 문화환경과 미술관의 공공성 문제: 기획전시를 중심으로",『현대미술사연구』, 현대미술사학회.

최태만(1993), "현대사회와 미술관의 사회적 기능",『현대미술관연구』, 제4집, 국립현대미술관.

한국문화예술교육진흥원(2006),『문화예술 교육전문 인력 양성 사전교육과정-박물관·미술관 교육전문 인력 과정』.

Adorno T. W.(1991), *Culture Industry Reconsidered,* J. M. Bernstein ed, *The Culture Industry,* Routledge.

Anderson T.(2007), *Art for Life: Authentic Instruction in Art,* 김정희 외 옮김,『삶을 위한 미술교육』, 예경.

Andrew M.(2006), *Art and Its Public: Museum Studies at the Millennium,* Blackwell Publishing.

Barker E. Ed.(1999), *Contemporary Cultures of Display,* Yale University Press, 이지윤 옮김,『전시의 연금술, 미술관 디스플레이』, 아트북스, 2004.

Bennet T.(1995), *The Birth of the Museum: History, Theory, Politics,* Routledge.

Berry N. W. & Mayer S. M.(1989), *Museum Education: History, Theory, and Practice,* National Art Education Association.

Beverly S.(1996), *Exhibit Labels: An Interpretive Approach,* Altamira.

Corinne I. K. eds.(2006), *Museum Frictions: Public Cultures/Global Transformations,* Duke University.

Catherine T. F. eds.(2001), Constructivism: Theory Perspectives, and Practice, 조부경 외 옮김,『구성주의 이론 관점 그리고 실제』, 양서원.

Dana J. C.(1999), *The New Museum,* The American Association of Museums, The Newark Museum.

Danto A. C.(1991), *After the End of Art: Contemporary Art and the Pale of History,* Princeton University Press, 이성훈 · 김광우 옮김,『예술의 종말 이후: 컨템퍼러리 미술과 역사의 울타리』, 미술문화, 2007.

Dennise S. L.(2001), "Using the Art Museum" *Art Education in the Practice.*

Docan C.(1998), "The Art Museum as Ritual", Donald Preziosi ed., *The Art of Art History: A Critical Anthology* Oxford Univ. Press.

Efland A. D.(1989), *History of Art Education: Intellectual and Social Currents in Teaching the Visual Arts,* 박정애 옮김(2000),『미술교육의 역사』, 예경.

Feldstein M.(1992), *The Economics of Art Museum,* University of Chicago Press.

Frey B. S.(2000), *Art and Economics,* 주수현 외 옮김(2007),『문화예술경제학』, 시그마프레스.

Graham M. S.(2005), "Assessing Priorities: Research at Museums", *Museum Management and Curatorship.*

Harris, J.(2004), *The New Art History a Critical Introduction,* 이성훈 옮김,『신미술사? 비판적 미술사!』, 경성대학교 출판부, 2004.

Hooper-Greenhill, E. ed.(1992), *Museums and the Shaping of Knowledge*.

Hooper-Greenhill, E.(1994), *Museum and Their Visitors*, Routledge.

Hooper-Greenhill, E.(1999), *The Educational Role of the Museum*, Routledge.

Horkheimer M, and Adorno T. W(1947), *Dialektik der Aufklarung: Philosophische Fragmente*, 김유동 옮김,『계몽의 변증법』, 문학과 지성사, 2001.

Houser A.(1999), *Sozialgeschichte der Kunst und Literatur*, 백낙청 · 박성완 옮김, 『문학과 예술의 사회사 2』, 창작과 비평사.

Hunter S.(1993), *The Museum of Modern Art*, The Museum of Modern Art.

International Council of Museum(ICOM, 2001), 하태환 옮김,『박물관과 미술관의 새로운 경영연구』, 궁리.

Jameson F.(1991), *Postmodernism Cultural Logic of Late Capitalism*, Duke University Press.

Kotler N. and P. Kotler(1998), *Museum Strategy and Marketing: Designing Missions, Building Audiences, Generating Revenue and Resources*, Jossey-Bass, 한종훈 · 이혜진 옮김,『박물관 미술관학: 뮤지엄 경영과 전략』, 박영사, 2008.

Marstine J.(2005), *New Museum Theory and Practice*, Blackwell Pub.

McCarthy K. F. and Elizabeth H. Ondaatje et al.(2005), *A Portrait of the Visual Arts: Meeting the Challenges of a New Era*, RAND Corporation.

McCathy A.(2006), "A Brif History of the Art Museum Public", *Art and Its Public: Museum Studies at the Millennium*, Blackwell Publishing.

Morgan C.(1995), "From Modernist Utopia to Cold War Reality: A Critical Moment Education", in The Museum of Modern Art Ed., *The Museum of Modern Art at Mid-Century: Continuity: and Change*, The Museum of Modern Art.

Museum Education Roundtable ed.(1992), *Patterns in Practice: Selections from the Journal of Museum Education*, Washington. D. C.

Robert S. N. and Richard S.(2003), *Critical Terms for Art History*, The University of Chicago.

Roberts L.(1997), *From Knowledge to Narrative: Educators and the Changing Museum*, Smithsonianh Institution press.

Severin W. J., Tankard J. W.(2004), *Communication Theories*, 박천일 외 옮김,『커뮤니케이션 이론』, 나남.

Sherman D. J, Rogoff I.(1994), *Museum Culture: Histories, Discourses, Spectacles*, Routledge.

Staniszewski(1998), *The Power of Display: A History of Exhibition Installations at the Museum of Modern Art*, MIT Press.

Story J.(2001), Cultural Theory and Popular Culture: An Introduction, Third Edition, University of Georgia Press, 박만준 옮김, 『대중문화와 문화연구』, 경문사.

Taylor V. E. and C. E. Winquist(2001), The Encyclopedia of Postmodernism, Routledge.

T. F. Catherine(2001), Constructivism: Theory Perspectives and Practice, 조부경 외 옮김, 『구성주의 이론 관점 그리고 실제』, 양서원.

Vergo P. ed.(1989), The New Museology, Reaktion Book.

Villenemve P. ed(2007), From Periphery to Center: Art Museum Education in the 21th Century, NAEA.

Zakaras L.(2008), *Cultivating Demand for the Art*, RAND Corporation.

Zolberg V.(1994), "An Elite Experience for Everyone: Art Museum, the Public, and Cultural Literacy", Danieln J. Sherman and Init Rogoff eds., *Museum Culture: Histories, Discourse, Spectacles*, Univ. of Minnesota Press.

Museum Education Roundtable: www.erols.com/merorg

Visitor Studies Association: www.cl.msu.edu/VSA

Solomon R. Guggenheim Museum: www.guggenheim.org/new-york

The Museum of Modern Art: httpwww.moma.org

Cleveland Museum of Art: www.clevelandart.org

Tate Modern Museum of Art: www.tate.org.uk/modern

국립현대미술관: www.moca.go.kr

리움미술관: leeum.samsungfoundation.org

환기미술관: whankimuseum.org

김지호

홍익대학교 예술기획대학원에서 미술 전반의 이론과 실무에 관해 수학하고 경성대학교 문화학과에서 문화적 관점에서 미술의 현실과 이론을 배웠다. 미술의 사회적 역할 중 대중이 쉽게 소통할 수 있는 방안을 모색하는 과정에서 미술관 교육에 관한 연구를 하게 되었고 「미술관 교육: 역사, 현황, 대안」(2011)으로 박사학위를 받았다. 한국박물관협회에서 주관한 학술공모전에서 「포스트모더니즘시대 한국미술관 교육의 현황과 발전 방안」으로 입상하였다. 현재, 미술관 교육에 관한 연구를 진행하며 경성대학교에서 강의를 하고 있다.

미래의 미술관
국내외 미술관 교육의 역사, 현황, 대안

초 판 인 쇄 | 2012년 5월 30일
초 판 발 행 | 2012년 5월 30일

지 은 이 | 김지호
펴 낸 이 | 채종준
펴 낸 곳 | 한국학술정보㈜
주   소 | 경기도 파주시 문발동 파주출판문화정보산업단지 513-5
전   화 | 031) 908-3181(대표)
팩   스 | 031) 908-3189
홈 페 이 지 | http://ebook.kstudy.com
E - m a i l | 출판사업부 publish@kstudy.com
등   록 | 제일산-115호(2000. 6. 19)

ISBN   978-89-268-3482-4 93370 (Paper Book)
           978-89-268-3483-1 98370 (e-Book)